KB165618

생태전환교육,
학교에서
어떻게 할까?

생태전환교육,
학교에서 어떻게 할까?

초판 1쇄 인쇄 2023년 9월 1일
초판 1쇄 발행 2023년 9월 9일

지은이 심지영
펴낸이 김승희
펴낸곳 도서출판 살림터

기획 정광일
편집 이희연
북디자인 이순민

인쇄.제본 (주)신화프린팅
종이 (주)명동지류

주소 서울시 양천구 목동동로 293 22층 2215-1호
전화 02) 3141-6553
팩스 02) 3141-6555
출판등록 2008년 3월 18일 제313-1990-12호
이메일 gwang80@hanmail.net
블로그 https://blog.naver.com/dkffk1020

ISBN 979-11-5930-263-3 03370

*가격은 뒤표지에 있습니다.
*잘못된 책은 바꾸어 드립니다.
*이 책은 저작권법의 보호를 받는 저작물이므로 무단전재와 복제를 금합니다.

생태전환교육,
학교에서
어떻게 할까?

심지영 지음

살림터

생태전환교육에 관심을 가지게 된 당신에게

'생태전환교육'이란 낯선 용어가 당신의 관심을 끌게 되었군요. 당신은 이 단어를 어떻게 접하게 되었나요? 당신은 코로나19 시대를 보내며 환경문제를 고민하기 시작했을지도 모릅니다. 새로운 미래에 이를 대비하는 교육의 모습이 무엇일지 상상하다 생태전환교육을 만났을 수도 있고요. 2023년부터 초등학교와 중학교에서 학교환경교육을 의무적으로 실시해야 하는 상황에서, 이를 어떻게 현장에서 풀어나갈까 연구하다 생태전환교육에 대해 알아본 경우도 있을 것입니다. 당신은 학교 현장의 교사 또는 예비교사이거나, 생태전환교육에 관심을 가진 연구자일수도 있고, 환경 활동가이거나 학부모 또는 학생일 수도 있을 거예요.

그 관심이 어디에서 시작되었든 기후위기 환경재난의 시대에 살고 있는 당신과 나는 바로 지금 여기에서 '생태전환교육'을 접하게 되었네요. 이 책은 생태전환교육이 무엇인지, 이를 교육과정에 어떻게 접목할 수 있는지를 4년 동안 한 중학교에서 이루어진 교육실험을 통해 보여드리고자 합니다. 그리고 생태전환교육을 미래교육의 핵심으로 제시하고자 합니다.

생태전환교육은 기후변화에 대응하는 교육으로 개인뿐만 아니라 조직문화와 시스템의 생태적 전환을 통해 생태문명으로의 이행을 추구하는 교육입니다. 생태전환교육을 정확하게 파악한다면 그 실행은 다양한 변주곡의 형태를 지닐 수 있을 것입니다. 이에 생태전환교육의 공식적 정의를 바탕으로 생태전환교육을 재해석하는 작업부터 이 책은 시작합니다.

이론적 기초가 바탕인 1장을 살핀 후 실제 중학교에서 교과와 창의적 체험활동 전반에 걸쳐 4년 동안 행해진 생태전환교육 실례를 2장에서 소개합니다. 교수학습지도안과 사진 자료까지 첨부하였으니 다양한 생태전환교육 수업과 활동에 대한 아이디어를 얻으실 수 있으리라 기대합니다. 전국 최초 실내생태체험교실인 '마음풀'을 중심으로 이루어진 마을연계교육과 교사, 학생, 학부모 각 교육공동체가 주축이 되어 변화시켜가는 학교의 일상도 이어진 3장에서 소개되어 있어요. 마지막 4장에서는 이 짧다면 짧고 길다면 긴 4년의 생태전환교육 의미 찾기 여행을 마치며 우리가 찾은 생태전환교육의 의미를 함께 공유합니다. 특히 중등교육에서 교과 중심 생태전환교육을 강조한 생태융합교육과 체인지 메이커 활동을 통한 학생 중심 생태전환교육을 생생하게 보여드리고자 노력했습니다.

이 책을 통해 당신에게 드리고자 하는 메시지는 단순하고 명확합니다. '우리 함께 교육으로 지구를 지켜보지 않을래요?' 이것 하나입니다. 어떻게 하냐고요? 먼저 생태전환교육이 무엇인지 알아야겠지요. 그리고 서울의 한 작은 중학교에서 시도한 생태전환교육 실험을 즐겨 보아주세요. 당신은 우리보다 멋지게 생태전환교육을 실천할 수 있을 거예요. 거인의 어깨에 올라서서 세상을 본 뉴턴처럼 (비록 우리 학교의 교육실험은 작은 난쟁이에 불과하지만) 당신은 우리를 넘어설 것입니다.

끝으로 우리 교사들의 지구를 지키려는 노력이 책으로 나올 수 있도록 이끌어주신 손동빈 박사님과 도서출판 살림터의 정광일 대표님, 전일중학교 선생님들과 학생들, 사랑하는 가족에게 감사드립니다. 이 책의 작은 수익금은 '교육으로 지구 지키기'에 보태고자 합니다.

생태전환교육을 실천하는 멋진 당신을 기대하며
2023년 어느 햇살 찬란한 날에
심지영 드림

차 례

1장

너를 만나기까지

-생태전환교육 의미 찾기

너의 의미 -생태전환교육 의미 찾기

생태전환교육을 아시나요?

"생태전환교육이 뭐예요?"

교수님 한 분이 질문하셨다. 2021년 봄, 생태전환교육 국제포럼을 준비하는 기획 회의가 막 시작된 참이었다. 교장 선생님, 교수님, 구청 담당 주무관님, 마을활동가님, 교육연구사님 등 12명이 함께 머리를 맞대고 있었다. 그런데 처음부터 막힌다. 생태전환교육이 뭐냐니? 개념부터 낯선 것이다.

그도 그럴 수밖에 없다. 생태전환교육은 기존 학문적 용어가 아니다. 서울시교육청에서 만들어낸 용어로, 2020년에 처음 발표되었다. 생긴 지 겨우 1년 된 낯선 용어이다. 개념 정의부터 시작하는 학자인 교수님으로서는 뜻부터 물으실 수밖에 없다. 그날 모인 교수님들은 지속가능발전교육과 세계시민교육 등에 주로 관심을 두고 있는 분들이었다. 당연한 상황이다.

"뭘 전환한다는 거지요?"

이어지는 질문이다. 생태전환교육이라는 용어를 처음 접한 사람들이 늘 던지는 질문이다. 단어 그대로 해석하면 생태와 관련하여 뭔가를 바꾸겠다는 교육인데, 도대체 뭘 바꾸겠다는 것인가? 또, 무엇을 무엇으로 바꾸겠다는 것인가? 생태와 전환의 관계는 무엇인가?

"환경교육과 뭐가 달라요?"

생태전환교육의 정의를 듣거나 학교 생태전환교육 활동을 본 사람들이 하는 질문이다. 환경교육과 비슷한 것 같은데 왜 이름을 달리 부르는 것인가? 그냥 새로운 정책에 관한 관심과 호기심을 불러일으키기 위해 네이밍을 색다르게 한 것뿐인가? 아니면 기존 환경교육과 어떠한 차별점을 두기 위해서인가?

나와 우리 학교 선생님들 역시 똑같은 질문부터 시작했다. 정답이 있다고 생각하지는 않았다. 우리에게는 답을 찾으려는 노력과 과정이 중요했다. 그리고 교육 현장에서의 실천이 중요했다. 우리는 학자가 아니라 교육실천가이기 때문이다.

우리는 환경운동가도 아니고 환경교육 전공자도 아니었다. 우리는 보통의 평범한 중학교 교사일 뿐이었다. 엄청난 교육 열정을 가진 교육 투사도 아니었다. 우리는 그냥 학교에서 뛰어노는 우리의 아이들, 학생들이 귀엽고 좋았다. 아이들의 귀엽고 사랑스러운 재잘거림에 그날 하루가 행복했다가 때로는 그 아이들로부터 마음을 다치고 속상해하는 보통의 교사들이었다. 다만 우리는 우리 아이들의 미래에 관해 조금 더 고민하고 걱정하는 교사들이었다. 그리고 그 고민들을 함께 나누는 교사들이기도 했다.

이대로는 우리 아이들이 살아갈 터전인 지구 환경을 유지할 수 없다. 그런데, 작금의 지구 위기는 환경운동가만이 해결할 수 있는 문제일까? 생태전환교육은 환경 교사만 나서면 이루어지는 교육인가? 열혈 환경투사 한 명의 백 걸음보다 보통 사람 백 명의 한 걸음이 바로 지금의 지구 위기 해

결책이자 생태전환교육이지 않을까? 이런 사유와 믿음으로 우리는 각자의
자리에서 지구를 살리기로 했다. 이 이야기는 서울 동대문구에 있는 작은
중학교인 전일중에서 보통의 교사들이 함께 지구 살리기에 도전한 이야기
이다.

의미 찾기의 중요성

"도대체 넌 나에게 누구냐?"

아이유의 〈너의 의미〉 노래의 끝부분이다. 그룹 '산울림'의 멤버였던 김창
완이 낮고도 부드러운 목소리로 속삭인다. 나는 새로운 것을 만났을 때,
더 알고 싶은 대상을 만났을 때 이 질문을 던진다. 이번에는 생태전환교육
이 그것이다. 생태전환교육, 도대체 넌 나에게 무엇이냐? 생태전환교육의
의미 찾기는 생태전환교육의 시작이자 과정이고 결말이다. 생태전환교육이
라는 용어의 생소함으로 인하여 사전적 정의 내지 조작적 정의를 찾아내
는 것도 의미 찾기의 하나이지만 또 다른 방법의 의미 찾기는 생태전환교
육의 가치 찾기다.

어쩌면 가치는 찾는다기보다 부여한다고 하는 편이 맞을 것 같다. 아우
슈비츠 죽음의 수용소에서 살아남아 로고테라피(logotherapy 의미치료)의 창시
자가 된 빅토르 프랑클(Victor Frankl)은 말했다. 삶이 의미가 있는지 질문하
는 것을 중단하고 대신 삶의 매 순간 의미를 부여하는 것이 우리가 해야
할 일이라고. 생태전환교육도 그렇다. 생태전환교육이 의미가 있는지를 논
의하는 것보다는 생태전환교육에 의미를 부여하는 편이 교육적 효과를 높
일 수 있다. 그래야 교사 자신도 지치지 않고 생태전환교육을 해나갈 힘을

얻게 된다.

커스토디얼(costodial)이라 불리는 디즈니랜드의 청소부들을 보면 의미 부여의 힘을 느낄 수 있다. 그들은 남들이 하찮다고 여길 수 있는 청소 업무에 '퍼레이드와 놀이기구 연출을 위한 무대 만들기'라는 의미를 부여하였다. 이제 청소는 뒤치다꺼리하는 수고로움이 아니라 가장 먼저 무대를 여는 엔터테이닝이 된다. 이를 통해 조직 차원에서는 업무 효율성이 높아졌고, 청소부 개인 차원에서는 일에 재미와 보람을 느끼게 되었다. 청소라는 개인적 업무가 '무대 만들기'라는 사회적 의미를 찾음으로써 개인과 사회 모두에 힘을 실어 준 것이다.

나와 우리 학교 선생님들도 디즈니랜드의 커스토디얼처럼 생태전환교육의 의미 찾기에 들어갔다. 생태전환교육이 무엇이냐는 정의(What)와 함께 생태전환교육을 왜 해야 하느냐는 가치(Why)를 찾아서 교육실험의 여행을 시작한 것이다. 그래서 우리의 이야기는 생태전환교육의 의미 찾기에서 시작된다.

마음풀 교실 −생태전환교육의 씨앗

전국 최초 실내 생태체험교실, 마음풀

우리 학교는 생태전환교육이라는 용어가 나오기 전부터 생태전환교육의 씨앗이 될 교육을 하고 있었다. 그 계기가 된 것이 '마음풀 교실'의 설치이다. 전국 최초 실내 생태체험교실 '마음풀'이 2019년 5월 7일 개소식을 통해 전국에 알려졌다. KBS, YTN, 경향신문을 비롯하여 다수의 언론매체가 뉴스로 보도하였다. 교실 속 작은 숲, 교실 정원 등으로 소개되며 이러한 공간 혁신이 학생들에게 긍정적 교육효과를 미칠 것으로 기대된다는 내용이었다.

2019년은 이렇게 전일중학교에 생태전환교육의 씨앗이 태동한 해이자 내가 전일중학교 공모 교장으로 부임한 첫해다. 전국 최초 생태체험 교실의 운영 방안을 모색하라는 것. 그것이 공모 교장으로서 내게 주어진 첫 과제였다. 마음풀 교실을 잘 운영하기 위해서는 우선 우리 학교에서 이 교실이 왜 필요한지부터 확인해야 했다. 우리 학교가 위치한 서울시 동대문구는 배봉산 외에는 녹지가 거의 없다. 따라서 마음풀 교실은 녹지가 적은 마을에 사는 학생들에게 생태체험의 학습 장소로 중요한 역할을 할 수 있겠다는 판단이 들었다.

서울시청의 지원을 받아 유휴 교실 두 개를 하나로 터서 만든 마음풀 교실은, 학생과 교사의 의견을 반영하여 공간을 구성하였다. '마음풀'이란 이름도 학생 공모를 통해 정해진 이름이다. 학생들이 언제든지 찾아가 마음을 풀 수 있는 공간, 마음이 풀과 만나는 공간, 마음을 충전(full)하는 공간이라는 삼중의 의미다. 마음풀은 일곱 개의 정원 섹션으로 구성되어 있다. 바나나나무, 휘닉스야자, 보스톤고사리 등 다양한 식물이 심겨 있는 작은 정원인 초록 정원, 학생들이 자신의 마음을 거울에 자유롭게 적고 물로 지워보며 자신을 스스로 치유하는 공간인 마음 정원, 식물 관련 지식과 지혜를 채울 수 있는 공간인 지혜 정원, 식물을 기르고 관찰하는 공간인 씨앗 정원, 체험형 수업 활동을 할 수 있는 공간인 나눔 정원, 학생들 창작품을 전시하는 상상 정원, 마음풀과 이어진 야외 텃밭 정원이 그것이다.

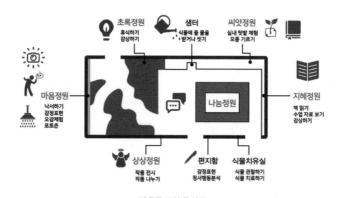

마음풀 교실 구성도

출처: 서울특별시 마음풀 교실 보도자료

일곱 정원으로 구성된 마음풀 교실의 필요성을 확인했으니 이제 교육적 활용을 고민할 차례다. 먼저 교실의 설립 목적을 반영해 학생 정서 함양의 장소로 활용하기로 했다. 미국 사회학자 레이 올덴버그(Ray Oldenberg)가 제시한 '제3의 공간(제1의 공간 가정과 제2의 공간 학교의 중간에 위치하는 공간)' 개념을 적용하여 학교 안의 가정, 학교 안의 카페 같은 느낌을 주는 편안하고 즐거운 공간을 만들고자 상상의 나래를 폈다. 학생들이 친구와 함께 마음 정원에 낙서하고, 씨앗 정원에서 키운 모종을 텃밭에 심어 수확한 허브로 허브티와 허브 화장품을 만든다. 초록 정원에 앉아 요즘 유행하는 '정원멍'(정원을 보며 멍때리기)을 하며 휴식과 치유의 시간을 갖는다. 지혜 정원을 통해 테라리움 만들기를 배우고 나눔 정원에서 그것들을 직접 만들어 상상 정원에 전시한다. 이렇게 친구와 수다가 있는 학생들의 공간, 마음풀 교실이 머릿속에 그려졌다.

제3의 공간을 통한 인성 함양은 마음풀 교실의 일차적 활용목적이지만 이것만으로는 충분치 않다는 생각이 들었다. 제3의 공간일지라도 학교의 교실인 이상 정규 교육과정 안에서 활용이 필요하다. 이런 연유로 교육과정에 식물을 활용한 해외사례를 찾기 시작했다. 그러다 미국의 스티븐 리츠(Stephen Ritz)라는 과학 선생님 사례를 알게 되었다. 그는 브롱스의 마약과 폭력이 난무하는 빈민가 고등학교에서 식물을 활용한 교육활동을 통해 학생 출석률과 졸업률을 놀랍도록 향상한 인물이다. 마치 오케스트라 활동을 통해 빈민가 아이들의 놀라운 변화를 이끈 베네수엘라의 엘 시스테마 교육을 연상시켰다. 그는 악기 대신 식물을 활용한 엘 시스테마 교육을 시행한 것이다.

리츠의 식물 활용 교과 수업을 우리의 마음풀 교실에 적용해보기로 했다. 우리 학교 선생님들은 리츠의 사례를 공부하고 우리의 아이들을 위해 마음풀을 활용한 수업을 디자인했다. 마음풀에서 자유학기제 주제선택 수업은 물론이고, 일반 교과 수업도 한다. 과학 시간에는 마음풀 식물의 잎을 현미경으로 관찰하며 식물의 광합성을 배운다. 국어 시간에는 풀꽃 시에 대해 마음풀의 풀을 보며 배운다. 미술 시간에는 마음풀 식물들의 세밀화를 그린다. 영어 시간 소인수 분반 수업은 늘 마음풀 교실에서 진행하며 숲과 환경에 관한 영어 단원을 학습한다. 수학 시간에는 피보나치수열과 같은 예를 들며 자연과 수학의 연관 관계를 소개한다. 마음풀을 활용한 교과 수업 아이디어들이 퐁퐁퐁 샘솟기 시작했다.

스티븐 리츠 사례가 주는 또 다른 시사점은 지역사회 연계이다. 그의 활동은 그린 브롱스 머신 프로젝트(Green Bronx Machine Project)라는 지역수준의 프로젝트로 확대되었다. 학생들뿐만 아니라 지역 주민들까지 참여해 식물을 키웠고, 판매수익은 지역 재건에 사용되었다. 졸업을 하지 못하거나 졸업해도 직업을 못 찾던 아이들이 학교에서 식물을 키우며 배운 기술로 직업을 찾고 마을에 세운 채소 가게에서 일할 수 있게 되었다.[1]

지역 재건까지는 못 되더라도 가정, 마을과 연계한 마음풀 교실 운영이 필요했다. 학교에 새로 생긴 녹색 교실은 예쁘고 활용도 높은 교실이지만 이 교실의 운영과 관리라는 새로운 업무가 교사에게 주어지는 것이기도 했다. 이 역시 의미 있는 교육활동이기는 해도 교사들의 바쁜 일상에 또 하

---

1 스티븐 리츠(2017). 식물의 힙-녹색교실이 이룬 기적. 여문책.

나의 업무로 느껴질 수 있는 상황이었다. 이에 마음풀 교실의 교육적 활용도를 높이면서도 교직원의 업무 부담을 줄일 방법으로 가정과 마을 연계를 고민하게 되었다.

먼저 활용할 수 있는 마을 자원을 살펴보던 중 우리 학교와 담장을 맞대고 있는 서울시립대학교가 눈에 띄었다. 시립대학교는 농업학교로 개교한 학교인 만큼 식물 관련 전문성이 높았다. 특히 조경학과에서 우리 마음풀 교실에 높은 관심을 보였다. 시립대학교에서 양성 교육을 받은 서울시민정원사회도 마음풀 교실에 참여 의사를 보이고 자원봉사가 가능하다고 했다. 이에 서울시립대, 서울시민정원사회, 서울시청, 우리 학교 학생, 학부모, 교사, 교직원으로 이루어진 운영협의체 '마음풀 서포터즈'를 구성하였다.

'마음풀 서포터즈'는 지속가능한 마음풀 교실 관리에 관해 머리를 맞대었다. 우리는 마음풀 교실 관리에 있어서도 학생의 주체적 참여가 필요하다는 데 의견을 모았다. 마음풀 교실 운영에 주인의식을 갖고 참여할 학생들로 동아리 '마음풀지기'를 구성하였다. 기존 학생 원예동아리를 '마음풀지기'로 전환하되, 가정 형편이 어려운 복지대상자 중 참가를 희망하는 학생을 우선 선발하기로 하였다. 또한 복지대상자의 또래 상담자가 되어줄 학생들도 함께 선발하였다. 마음풀지기 동아리는 담당 교사가 배치되지만, 프로그램 준비와 운영은 시립대 조경학과 학생들이 맡기로 했다. 담당 교사는 학생 이해에 대한 전문성을 살리고 시립대 조경학과는 식물 관련 전공의 전문성을 발휘하는 것이다.

학부모 역시 '꽃과 나' 학부모 동아리를 통해 마음풀 교실 운영과 프로그램에 참여한다. 학부모 평생교육 프로그램으로 식물 활용 체험 교육도 받고 마음풀 식물 관리도 하며 학생들 프로그램에 손이 필요할 때 함께 참여하기도 한다. 학부모 평생교육 학습 프로그램은 '마음풀 서포터즈'에서 가장 식물 전문성이 높은 서울시민정원사회에서 진행한다. 서울시민정원사회는 정기적으로 식물의 생태를 살펴보며, 환기나 조명 등 식물 키우기에 필요한 환경 조성과 보식(補植)에 필요한 식물 추천의 역할도 담당한다. 외부 텃밭도 넓어서 서울시교육청의 퇴직 교사로 구성된 '인생이모작' 팀의 자원봉사도 받기로 했다. 이런 지원이 있어도 전일 관리를 하는 상주 인력이 필요했다. 해결 방법을 고민하다가 장애인 일자리 사업을 도입하기로 했다. 장애인 일자리 사업은 교육청 보조금이 나오기에 학교 재정 부담을 덜면서 장애인에게 사회참여 기회를 제공하고 소득 보장을 지원하는 공익으로서도 의미가 있다.

이렇게 학생이 주체가 되면서 학부모, 시립대, 서울시민정원사회, 퇴직교사 인생이모작 사업, 장애인 일자리 사업 등을 통해 프로그램 운영과 교

마음풀 교실에서 활동하는 학생들

실 관리 모두에서 마을과 함께했다. 학교 밖에서 숲과 정원을 접하기 힘든 우리 학교 학생들이 교실 내 작은 숲과 정원을 통하여 자연을 직접 체험하고 자연 속에서 지적 배움과 함께 정서적 배움이 일어나도록 마을이 함께 한 것이다. 이러한 우리의 마음풀 교실 운영 사례는 학교 공간 혁신 사례로 외부에 많이 소개되었다. 우리 학교와 같은 공간을 구성하고 운영하고자 하는 학교들이 방문하였고, 전라북도 교장단 70명, 충청북도 교육행정직 80명 등 전국에서 우리 마음풀 교실을 찾아왔다.

생태전환교육이란

공식적 정의

    공모교장으로서 첫 과제인 마음풀 교실 운영을 마을과 연계한 학생주도 생태교육으로 풀어내던 중이었다. 코로나19가 전 세계를 뒤덮으며 대격변이 일어났다. 교육계도 예외가 아니었다. 계속 미루어지던 3월 개학은 2020년 4월 사상 초유의 온라인 개학으로 시행되었다. 등교 수업은 고등학교 3학년의 경우 5월 13일부터, 우리 중학교는 5월 20일 중3부터 순차적으로 이루어졌다. 학교는 온라인 수업과 대면 수업을 병행하며 블렌디드 러닝을 실시하였으며, 동시에 방역까지 집중해야만 했다.

    교육 현장이 새로운 국면을 맞이한 가운데 서울특별시교육청은 '생태전환교육 중장기 발전계획(2020~2024)'을 발표하였다. 코로나 시대는 물론이고 포스트코로나 시대 주요 교육정책 방향이 될 것이라 했다. 내용을 읽고 일견 타당하다고 생각하며, 한편으로는 우리 학교의 경우 이미 마음풀 교실 운영으로 생태전환교육을 실시하고 있는 셈이라고 판단했다. 그런데, 교육지원청에서 연락이 왔다. 생태전환교육 포럼을 열 계획이니 운영위원장이 되어 포럼을 기획하고, 좌장으로 포럼 진행자 역할까지 맡아달라는 것이었다. 아마도 우리 학교의 마음풀 교실 운영 경험 때문에 이런 요청을 한 듯하다. 하지만 막막했다. 생태전환교육이라는 용어조차 아직 낯선 때이다.

생태전환교육 포럼을 준비하면서 생태전환교육의 정의부터 찾아보기 시작했다. 생태전환교육은 서울특별시교육청 생태전환교육 중장기 발전계획(2020~2024)에서 처음 언급되었다. 발전계획에서는 생태전환교육을 '기후위기 시대를 극복하기 위해 인간 중심적 사고에서 벗어나, 인간과 자연의 공존과 지속가능성을 위해 인간의 생각과 행동 양식의 총체적 변화를 추구하는 교육'이라고 정의하였다.

이후 서울시교육청은 조금 더 확장된 정의를 내렸다. 2023 생태전환교육 기본계획을 통해 '기후위기 비상시대, 인간과 자연의 공존과 지속가능한 삶을 위해 개인의 생각과 행동 양식뿐만 아니라 조직문화 및 시스템까지 총체적인 전환을 추구하는 교육'이 생태전환교육의 정의라는 것이다. '조직문화 및 시스템 전환'까지 의미가 확대된 것이다.

생태전환교육이라는 용어는 교육부에서도 채택되어 전국적으로 확산되었다. 2022 개정 교육과정 논의과정에서 교육부는, '기후변화나 환경재난 등에 대응하고 환경과 인간의 공존을 추구하며, 지속가능한 삶을 위한 생태적 전환을 위한 교육'이라는 정의로 생태전환교육을 설명했다.

교육청과 교육부에서 제시한 이상 세 개의 정의를 종합하면, 생태전환교육의 대략적 개념을 잡을 수 있다. 먼저, 생태전환교육의 필요성이 '기후위기'에서 나온 것을 알 수 있다. 생태전환교육은 기후위기 대응 교육이다. 다음으로 나타나는 표현인 '인간과 자연의 공존', '지속가능한 삶'은 기대효과다. 생태전환교육을 실천하면 나타나리라고 보는 긍정적 성과이다.

마지막이자 가장 중요한 부분이 '전환을 추구하는 교육'이다. 초기에는 '인간의 생각과 행동 양식의 총체적 변화'라는 개인적 변화를 이야기했다. 그런데 이것이 나중에는 확대되어 개인만 변화시키는 것이 아니라 조직문화와 시스템까지 변화시키겠다고 한다. 어떻게 변화시키겠다는 것인가 찾아보면 맥락상 '생태적으로'라고 대답한다. 결국 생태전환교육은 '개인과 조직문화 및 시스템을 생태적으로 변화시키는 교육'이 된다. 문명적 전환에 버금가는 상당히 큰 사회적 변화를 이야기하고 있다.

실제로 생태전환이란 표현은 생태문명으로의 전환이라는 표현에서 나온 것이다. 서울시와 서울시교육청은 2019년 9월 '생태문명 전환도시 서울 공동 선언'을 발표했다. 서울시교육청의 생태전환교육은 이 공동 선언과 연계된 것으로 볼 수 있다. 공동 선언의 첫 항에 '생태적 전환'이라는 말이 있고, 마지막 항에는 '생태문명사회로의 대전환'이라는 표현이 나온다.

그러면 생태문명이 무슨 의미인지 살펴보자, 생태문명은 화석연료에 기반을 둔 산업문명에 대치되는 개념이라고 생각하면 이해가 빠를 것이다. 그렇지만 단순히 산업문명의 반대말이라고 생각하면 사람들은 대개 산업문명 이전의 농업문명과 비슷한 어떤 자연 문명으로의 회귀라고 생각하기 쉽다. 그러나 이 시대가 말하는 생태문명은 지금까지 이루어온 문명적 성과를 기반으로 그 한계를 벗어나 자연과의 공생까지 목표로 하기에 가장 고도화된 문명이다. 즉 단순한 아날로그로의 회귀라기보다는 자연과 함께하는 디지털 문명이라고 볼 수 있다.

정리하면, '생태전환교육은 기후변화에 대응하는 교육으로 개인뿐만 아니라 조직문화와 시스템의 생태적 전환을 통해 생태문명으로 이행을 추구하는 교육'이다. 공식적 정의들의 종합을 통해 내린 생태전환교육의 개념을 꼭 기억하고 이 책을 읽어나가시기를 바란다. 이 개념에 맞는 교육은 무궁무진하다. 다양한 교육내용이 이 개념에 맞는 생태전환교육이 된다. 교육방법 역시 다양해진다. 따라서 교사는 이 생태전환교육의 개념을 기억하고 교육 전문성을 발휘해 각자의 생태전환교육을 디자인해야 한다.

전환학습과 생태전환교육

위에서 정리한 생태전환교육의 개념만으로도 생태전환교육의 출발은 가능하다. 하지만 생태전환교육의 의미를 좀 더 알아보자. 교육청과 교육부에서 제시한 생태전환교육의 정의를 살펴보면 '전환'이라는 단어에 가장 큰 방점이 찍혀 있다는 걸 알 수 있다. 나는 생태전환교육의 정의를 알아보면서 전환학습을 떠올렸다. 교사가 생태전환교육을 한다면, 학생은 생태전환학습을 할 것이다. 전환학습이란 교육학 용어로 내가 박사과정을 밟으면서 관심이 많이 갔던 개념이다.

전환학습(transformative learning)은 메지로우(Mezirow)가 주창한 개념으로, 학습을 통해 전환되는 것은 관점이다. 전통적 학습의 개념이 지식의 습득과 축적이라면, 전환학습의 학습은 기존 지식과 가치, 사고방식과 행동방식이 변화하는 일련의 과정이다.

전환학습은 한 개인이 매우 충격적이고 혼란스러운 딜레마를 경험하면서 시작된다. 기존의 사고와 가치관으로는 해결할 수 없는 위기 사건과 부딪치면서 그는 두려움과 절망 등의 감정적 고통을 겪는다. 그리고 자신이 갖고 있던 생각을 비판적으로 성찰하게 된다. 이러한 성찰을 타인과 공유하며 다른 사람들도 비슷한 경험을 했음을 인식한다. 그리고 대안적 관점을 탐색하고 새로운 행동을 계획하며 이를 실행할 수 있는 지식과 기술을 익힌다. 이 과정에서도 변증법적이고 객관적인 대안 탐색을 위해 타인과의 소통이 이루어진다. 새로운 역할을 시도하고 수정해가며 점점 자신감을 느끼게 되고 새롭게 형성된, 즉 전환된 관점에 근거하여 사고하고 말하고 행동하는 삶을 살게 된다. 이러한 변화 과정이 전환학습이며 한 개인의 새로운 관점에 관한 학습이 일어나는 과정이다.[2]

생태전환교육을 전환학습과 연결하면, 학생들이 집단적으로 경험하는 시대적 전환학습이 생태전환학습이라는 생각이 들었다. 학생집단(사실은 전 지구인 집단)은 기후위기라는 매우 충격적이고 혼란스러운 집단위기에 부딪혔다. 기존의 대량 생산, 대량 소비의 화석연료 기반 산업사회 행동 양식으로는 더 이상 살아갈 수 없다. 생존의 위협을 받게 된 것이다. 학습자들은 기후위기에 대해 감수성을 가지고 공감하며 새로운 행동을 계획하게 된다. 위기의 인식과 새로운 행동의 계획 및 실천의 모든 과정은 공동체적 소통을 통해 이루어진다. 그리고 학습자는 생태적 관점으로 세상을 바라보고 행동하게 된다. 이것이 전환학습을 적용한 생태전환교육의 모습이다.

생태전환교육의 과정에 이렇게 전환학습 이론을 적용하면서 걸리는 점이 하나 있기는 하다. 기후위기에 대한 학생 인식이 너무 고통스러운 과정을 겪으면 안 되지 않을까 하는 것이다. 실제로 유럽에서는 기후위기의 심각성을 인식하고 기후 우울증을 앓고 있는 사람들도 많다고 한다. 15세부터 환경운동가로 활동한 그레타 툰베리 역시 크래커 한 조각 씹기 어려운 섭식 장애를 겪었다. 사실 전환학습은 감정적 고통이 수반하기에 관점의

---

2   쉐런 메리엄 외(2016). 성인학습 이론과 실천. 아카데미프레스.

전환이라는 큰 변화가 가능한 것이다. 하지만 전환학습 이론은 성인학습 이론이다. 그래서 청소년 학습에 있어서는 조심할 필요가 있음을 인지해야 한다. 위기 감수성은 꼭 필요하지만, 그것을 지나친 절망적 고통으로 생각하기보다는 변화 가능성의 희망으로 나아갈 수 있도록 해야 한다.

왜 생태전환교육을?

생태전환교육이 지금 왜 강조되고 있는 것일까? 지구온난화 문제는 내가 국민학교(지금의 초등학교)를 다닐 때도 교과서에 나왔던 주제이다. 그런데 이런 오래된 주제가 최근 하나의 정책으로 강조되고 있다. 이는 단지 서울시교육청만의 개별적 정책이 아니다. 환경생태교육, 생태환경교육, 학교환경교육, 기후위기대응교육, 기후환경교육 등 이름은 조금씩 다르지만 17개 시·도교육청 모두 생태·환경에 관한 교육을 강조하고 있다.[3]

환경, 생태, 에너지 이슈에 관한 관심이 비단 교육계에서만 커지고 있는 것도 아니다. 각 시·도가 앞다퉈 환경교육도시 선언을 하고 있다. 환경문제에 가장 미온적일 것으로 여겨지는 기업계에서조차 ESG를 이야기하고 있다. ESG란 Environmental(환경), Social(사회), Governance(지배구조)의 약자

---

3   배영직 외(2021). 생태전환교육 목표 체계 구축 및 성과관리 방안 연구: 서교연 2021-33. 서울특별시교육청교육연구정보원.

로, 기업의 비재무적 성과를 판단하는 기준이다. 기업들은 ESG 경영을 표방하며 환경과 생태를 고려하는 에너지 전환과 기업 성장을 꾀하고 있다.

사회 전체가 이렇게 생태전환교육을 강조하게 된 이유는 사실 간단하다. 기후위기가 심각한 단계이라서다. 앞에서 생태전환교육의 정의를 다룰 때 말했듯이 생태전환교육은 기후위기 대응 교육이다. 대기과학자 조천호 박사는 우리 세대가 기후위기를 인식한 첫 번째 세대이면서 동시에 기후위기에 대응할 수 있는 마지막 세대라고 했다.[4] 즉 더 이상 기후위기에 대한 대응을 늦출 수 없는 임계점에 지금 도달했다는 것이다. 이에 '지금 여기에서' 생태전환교육이 전 사회적으로 요구되고 강조되고 있다.

'지금 여기에서'의 기후 대응 정책으로서 생태전환교육이 강조되는 데에는 기후 세대라고 불리는 우리 청소년들의 역할이 한몫하고 있다. 기후위기에 관한 대응 요구가 청소년한테서 나오기 시작한 것이다. 2018년 8월 스웨덴의 15세 소녀 그레타 툰베리는 등교를 거부하고 국회의사당 앞에서 기후변화 대처를 요구하는 1인 시위를 벌였다. 이 행동이 이슈로 확대되면서 툰베리는 같은 해 12월 폴란드에서 열린 제24차 유엔 기후변화협약 당사국 총회(COP24)에 초청되었다. 그녀는 여기서 다시 한번 기후변화 대응에 미온적인 기성세대를 공개 비판한다. 이후 2019년 1월 다보스 포럼, 8월 UN 기후행동 정상회의에서도 주장을 이어가며 툰베리의 외침은 세계적 관심을 받게 된다.

툰베리의 기후행동은 서구 청소년층에 큰 파장을 일으켰고, '미래를 위한 금요일(Fridays for Future)'이라는 세계적 기후 행동으로 확산되었다. 금요일에 전 세계 수백만 학생들이 등교를 거부하고 기후재앙에 대한 대책을 요구하는 청소년 기후행동 연대 모임이 생겼다. 서울에서도 2019년 8월, 자신을 스스로 '멸종위기종'이라 규정한 청소년기후소송단이 서울시교육감과의 간담회를 통해 기후변화 대응 교육을 요구했다. 이에 대한 응답의 형태로 서울시교육감은 생태전환교육 중장기 계획을 발표한다. 다음 해인 2020년 7월, 17개 시·도 교육감 협의회에서 '기후위기 환경재난시대, 교육의 대전환을 위한 비상선언'이 이루어져 전국 시·도 교육청별로 기후위기에 대응하는 생태 환경교육 계획이 수립되었다.[5]

4   조천호(2020). 파란하늘 빨간지구. 도서출판 동아시아.

5   정건화(2021). 기후위기와 팬데믹 시대의 생태전환교육, The-K Magazine, 49, 26-29

기후위기 과장일까?

IPCC

　생태전환교육은 기후위기에 대한 대응 요청으로 시작되었다. 기후변화의 여파로 전 지구에서 전례 없는 기상이변이 발생하고 있다. UN 재난위험경감사무국(UNDRR)의 '2000~2019 세계 재해 보고서'에 따르면 최근 20년 동안 7,348건의 자연재해가 발생해 123만 명이 사망하였다. 이는 그 전의 20년에 비해 재해 건수가 1.7배 늘어난 것이다.

　전문가들은 재해 급증의 주요 원인으로 기후변화를 꼽고 있다. 전체 재해 가운데 90.8%인 6,671건이 기후변화 관련 재해이기 때문이다. 이전 대비 1.8배 증가한 것이다. 가장 큰 비중은 홍수(3,254건, 44%)로, 이전 대비 2.3배 늘어났다. 두 번째로 비중을 차지하는 태풍(2,043건, 28%)은 1.4배 증가하였다. 피해 인구수가 가장 많은 재해 역시 홍수(41%)였고 가뭄(35%), 태풍(18%)이 뒤를 이었다.

　급증한 기상이변들로 인해 '기후변화'는 '기후위기'로 재명명되었다. 이 기후위기가 자연적 현상이 아니라 우리 인간 활동에 그 원인이 있다고 밝힌 것이 IPCC 보고서이다. IPCC(Intergovernmental Panel on Climate Change)는 기후변화에 관한 정부 간 협의체로, 기후변화에 관한 과학적 규명에 이바지하는 조직이다. 1988년 UN의 전문기관인 세계기상기구(WMO)와 유엔환경계획(UNEP)이 공동 설립하였다.

IPCC가 직접 기상관측 연구 수행을 하지는 않는다. IPCC의 주요 임무는 기후변화의 위험과 영향 및 대응 전략을 주기적으로 평가하여, UN 기후변화협약(UNFCCC)에서 정부 간 협상의 근거자료로 활용할 보고서를 발행하는 것이다. 1차 보고서가 유엔기후변화협약에 채택된 이후 2차 평가보고서는 교토의정서에 채택되었고 5차 평가보고서는 파리기후협정에 채택되었다. 기후변화의 심각성을 전파한 공로로 2007년 IPCC는 노벨 평화상을 수상하기도 하였다.

195개 회원국으로 구성된 IPCC는 1990년 첫 평가보고서를 발간한 이후 5~7년 간격을 두고 보고서를 발간해왔다. 제5차 보고서의 경우 80개국 이상의 국가에서 과학자 800명 이상이 저자 팀에 선정되었고, 1,000명 이상의 기여 저자가 참여하여 3만 편 이상의 과학논문을 평가하여 저술하고 1,000명 이상의 전문가 검토를 받았다고 하니 가장 과학적으로 믿을 만한 종합적 평가라 할 수 있다. 과학적 검증을 거치고 모든 회원국의 동의를 받아야 하기에 일부 환경단체는 IPCC 보고서를 보수적이라 비판하기도 한다. 이러한 IPCC 보고서가 내놓은 기후위기 현상도 사뭇 위협적이다.

2021년 8월 발표된 IPCC 6차 보고서 제1실무그룹 발표에 따르면, 현재(2011~2020년) 지구 평균기온은 산업화 대비 1.09도가 높아진 상태이다. 또한 지구 평균기온이 산업화 이전(1850년) 대비 1.5도 상승하는 시점은 2021~2040년 사이로 예측된다고 한다. 이는 2018년에 발간한 '지구온난화

1.5도 특별보고서'의 예측치보다 10년이 당겨진 것이다. 가장 과학적으로 믿을 만한 보고서에서 기후변화가 현재 매우 심각한 위기 상황임을 증명하고 있다.

들어맞는 예측

IPCC 보고서와 환경단체의 주장에도 불구하고 기후위기를 믿지 않는 사람들이 있다. 파리 기후변화협약 탈퇴 선언을 했던 도널드 트럼프 전 미국 대통령만 해도 2016년 대통령 선거운동 당시 기후변화가 일부 연구자들이 꾸민 사기극이라고 했다. 과연 반복되는 기후위기에 대한 경고는 지나치게 과장된 것일까? 수백 명의 과학자가 참여하고 수백 명의 전문가 검토를 받은 IPCC의 예측은 정말 맞는 것일까?

KBS 시사 기획 취재진이 지난 30년 동안의 기후변화가 IPCC의 예측과 어느 정도 합치하는지를 점검하였다. IPCC는 과학적 통계치를 보고서로 작성하기에 예측이 특정 수치로 나오는 것이 아니라 상한선과 하한선을 가지는 범위로 제시된다. 그런데 지구 평균기온 상승의 실제 관측치는 예상 범위 중 거의 최상한 선을 따라가고 있었다. 해수면 상승도 마찬가지였다. 예측을 벗어난 것은 극지방 빙하 면적으로 2000년 전까지만 해도 예측치 범위 안에 있던 것이 2000년 이후 급작스럽게 더 많이 녹아내리고 있었다. 실제 관측치가 예상치보다 더 나쁜 상황으로 나타난 것이다.[6]

결국 지난 30년간 실제 기후는 IPCC가 가장 부정적으로 예측한 수치

---

6   KBS 시사기획. 코로나19 특집: 2050 생존의 길

를 거의 그대로 따라가며 일부 분야에서는 예상보다 더 암담한 것으로 나타났다. 기후위기는 결코 과장이 아니었다. 오히려 더 심각한 상황이었다. 지구 평균온도가 1.5도 높아지는 시점 예측이 6년 만에 10년이 당겨졌다. 지구는 완만한 기울기로 나빠지는 것이 아니라 최근 들어 급속도로 나빠지고 있다. 평균기온 상승을 1.5도에서 저지할 수 있는 마지막 기회가 지금이다.

IPCC는 1.5도 특별보고서를 통해 파리기후협정에서 목표로 하는 평균기온 상승 저지선 2도와 1.5도의 차이를 밝히고 1.5도로 상승 폭을 억제하는 것이 과학적으로 가능하다고 밝혔다. 0.5도 차이는 작은 것 같지만 엄청난 차이다. 사람의 체온을 생각하면 이해하기가 쉽다. 사람의 경우 평균 체온이 0.3도 높아질 때부터 고통을 인지하기 시작한다고 한다. 열이 심한 상태에서 0.5도의 차이는 생명이 왔다 갔다 하는 심각한 차이다. 지구도 그렇다. 1.5도는 이미 고열 상태이다. 1.5도에서는 70~90%의 산호가 소멸하지만 2도에서는 산호 99%가 멸종된다. 1.5도에서는 여름 북극 해빙을 막을 수 있고, 시베리아 동토가 녹아 메탄이 방출되는 것을 막을 수 있다. 아마존 열대우림 보존도 가능하다. 하지만 2도에서는 그렇지 못하다.

지구 평균기온 상승이 인간의 삶에는 구체적으로 어떤 영향을 미칠까? 데이비드 월러스 웰즈(David Wallace-Wells)는 「2050 거주 불능 지구」를 통해 12가지 기후 재난 시나리오를 보여주고 있다. 500년에 한 번 있을 법한 홍수, 태풍, 가뭄 등의 기후로 인한 재난들이 앞으로는 익숙해질 정도로 빈번하게 들이친다는 예상이다. 실제로 2022년 6월 늦은 봄, 한국에는 50년 만에 최악의 봄 가뭄이 들었고, 같은 해 8월에는 반대로 기상관측을 시작한 이래 115년 만에 역대 최고치의 물폭탄 같은 비가 서울 동작구에 내렸다. 사람들은 재산과 보금자리를 잃었고, 몇몇은 생명을 잃었다. 기후 재난은 이렇게 우리의 생명, 건강, 주거를 직·간접적으로 위협한다. 공기는 마실 수 없게 되고 먹거리는 없어지며 팬데믹과 같은 대규모 질병 사태는 더 많이, 더 자주 발생한다. 빈곤과 굶주림은 심해지며 경제는 무너지고 이에 사회적 갈등은 높아져 전쟁의 위험도 증가한다.

현재 지구 평균기온에 관한 전 세계적 목표는 2100년에 산업화 이전(1850년) 대비 상승 폭을 1.5도로 제한하는 것이다. 1.5도는 평균기온이기에 지역별로는 1도에서 5.7도의 상승으로 나타날 수 있다. 1.5도 목표를 위해서는 2030년까지 2019년 대비 43%의 온실가스를 줄여야 하는 상황이다. 우리나라는 2020년 '2050 대한민국 탄소중립 선언'을 통해 탄소 배출량을 줄이고 배출된 탄소를 포집하는 방안을 계획하였다. 기후위기는 과장이 아니고 실제였으며, 모든 국제사회가 대비 계획을 세우고 있다.

생태전환교육의 근거는

학교 교육에서 생태전환교육을 실시할 수 있는 근거

기후위기 시대를 맞아 국가적 차원에서는 2050 탄소중립을 목표로 실천 활동을 벌이고 있고, 학교에서는 생태전환교육을 통해 기후 대응을 하고 있다. 학교 교육은 시대적 상황을 반영해야 하지만, 짜인 교육과정을 근거 없이 바꿀 수는 없다. 이에 학교 교육에서 생태전환교육을 실시할 수 있는 법적 근거도 함께 살펴보고자 한다.

2021년 9월 24일 교육기본법에 제22조의2(기후변화환경교육)가 신설되면서 생태전환교육의 법적 근거가 명확해졌다. 해당 법은 '국가와 지방자치단체는 모든 국민이 기후변화 등에 대응하기 위하여 생태전환교육을 받을 수 있도록 필요한 시책을 수립·실시하여야 한다.'고 명시한다. 교육기본법에 '생태전환교육'이라는 용어를 사용하고 있으며, 그 대상을 학생뿐만 아니라 전 국민으로 확대하고 있다.

초·중등교육에서 생태전환교육의 근거는 일명 환경교육법이라 불리는 '환경교육의 활성화 및 지원에 관한 법률'에서 찾을 수 있다. 이 법에서는 제

4조(책무 등) ②에서 초·중등교육법 제2조에 따른 학교의 장은 학교의 교육 여건에 적합한 범위에서 환경교육 교과과정 운영의 활성화를 위하여 노력하여야 한다는 학교의 환경교육 책무성을 명시하고 있다. 더 나아가 2022년 6월에는 제10조의 2(학교환경교육의 실시)를 신설하여 '초등학교와 중학교의 장은 학생을 대상으로 학교환경교육을 실시하여야 한다'는 의무 조항까지 제시하였다. '생태전환교육을 실시할 수 있다'를 넘어서 실시해야만 하는 상황이다.

초·중등학교 교육과정에 직접적 영향을 미치는 초·중등 교육과정에서도 생태전환교육의 근거를 찾을 수 있다. 교육부 고시인 2015 개정 교육과정과 2022 개정 교육과정 총론에서는 범교과 학습주제로 10개를 제시하고 있다. 그중 하나가 '환경·지속가능발전 교육'이다. 범교과 학습주제는 관련 교과에서 우선하여 교육하되 교과에서 실시하기 어렵다면 창의적 체험활동에서 지도하도록 명시되어 있다. 범교과 학습주제는 또한 교과와 창의적 체험활동을 연계하여 통합적인 교육활동으로 지도가 가능하다. 따라서 교육과정이 개정되지 않아도 생태전환교육을 과학, 사회, 도덕, 국어와 같은 교과에서 지도할 수 있다. 창의적 체험활동에서도 가능하므로 자율활동의 창의주제활동이나 동아리, 봉사, 진로 활동으로도 운영할 수 있다. 또한 일반 교과와 창의적 체험활동을 연계한 생태전환교육도 법적 실시 근거가 있기에 가능하다.

2022 개정 교육과정 시안에서는 생태전환교육이 명시되었지만 안타깝게도 최종 고시된 개정 교육과정에서 생태전환교육이라는 용어 자체는 삭제되었다. 하지만 교육과정 총론에서 교육과정 개정의 필요성으로 '기후·생태환경 변화'를 명시하고 있는 만큼 새로운 교육과정을 학교 현장에 적용

하면서 생태전환교육에 주목할 필요가 있다. 특히 2022 개정 교육과정에서 새로 도입된 초등학교, 중학교의 학교자율시간과 고등학교의 수업량 적정화에 따른 여유시간에 생태전환교육을 학교 교육과정, 교사 교육과정으로 개발, 적용하기를 적극 권장하는 바이다.

교육과정이 요구하는 생태전환교육

기후위기 시대로의 변화에 따라 학교에서 생태전환교육을 실시할 수 있도록 법률이 개정되거나 강화되었다. 시대적 요구에 따라 개정되는 국가 수준 교육과정 역시 앞에서 언급한 것처럼 생태전환교육의 직접적 반영을 고려한 바 있다. 2022 개정 교육과정은 미래 변화에 대응한 교육과정 혁신을 주요 과제로 삼고 있다. 교육과정이 대응해야 할 미래 변화에는 기후위기가 포함된다. 따라서 생태전환교육이 2022 개정 교육과정에 반영되는 것은 어찌 보면 당연한 일이다. 주목할 만한 점은 2022 개정 교육과정을 고려하면서 그 전 2015 개정 교육과정의 범교과 학습주제인 '환경·지속가능발전 교육'이라는 용어 대신 '생태전환교육'이라는 용어를 사용하고 있다는 것이다. 이를 통해 '생태전환교육'이 국가적 차원의 용어로 자리 잡아 가고 있다는 것을 알 수 있다.

2022 개정 교육과정 논의과정에서 생태전환교육은 학습자의 공동체 가치를 함양하고 공동체 역량을 강화하는 차원에서 민주시민교육과 함께 강조되었다. 교육부는 앞의 정의에서 살펴보았듯이 생태전환교육을 '기후변화나 환경 재난 등에 대응하고 환경과 인간의 공존을 추구하며, 지속가능한 삶을 위한 생태적 전환을 위한 교육'이라고 정의하고 있다. 또한 민주시

민교육은 '학생이 자기 자신과 공동체적 삶의 주인임을 자각하고 비판적인 사고를 통해 자신이 속한 공동체의 문제를 상호 연대하여 해결할 수 있도록 지원하는 교육'이라 정의 내린다. 민주시민교육의 정의 중 '공동체의 문제'에는 기후위기가 포함된다. 결국 생태전환교육은 민주시민교육과 연계되어 기후위기라는 공동체의 문제를 풀어나가는 교육이 된다. 생태전환교육이 지향하는 가치를 민주시민교육의 연대와 소통을 통한 의사결정 과정이라는 방법을 통해 공유하고 실천해나가는 방식으로 두 개의 교육이 상호보완적 역할을 해나갈 수 있을 것이다.

생태전환교육과 민주시민교육에 포함된 가치와 태도, 그리고 역량을 함양할 수 있도록 2022 개정 교육과정은 이를 교과교육과 연계시킬 계획이었다. 특히 현재 과학, 환경, 사회 등 관련 교과 중심으로 반영된 생태전환교육을 모든 교과에 반영할 방침이었다. 이를 위해 기본 개념을 구체화하고 핵심 내용 체계도 제시할 예정이라고도 하였다. 창의적 체험활동, 자유학기 활동 등 비교과 활동과도 생태전환교육을 연계하여 참여와 체험 중심의 생태전환교육 수업과 자치활동을 통한 생태전환교육 등이 교육과정 개정 논의과정에서 강조된 바 있다. 하지만 아쉽게도 2022년 확정 발표된 2022 개정교육과정 총론에서 생태전환교육이 삭제되고 관련 교육내용이 축소되어 교육계의 반발을 사고 있다. 2022년 개정교육과정에 '생태전환교육'이라는 용어가 명시되지는 않았지만, 교육 현장에서는 교육청과 학교를 중심으로 시·도 수준 교육과정과 학교 수준 교육과정에서 생태전환교육이 더욱 확산될 전망이다.

생태시민이란

시민과 시민교육

　생태시민교육은 민주시민교육과 상호 보완하여 운영할 수 있다. 세계시민교육과도 연관성이 있다. 그럼, 여기서 시민이 무엇인지 짚고 넘어가 보자. 시민은 영어 citizen의 번역어이다. 고대 그리스 도시국가에서 참정권을 가진 계급을 일컫는 말에 그 어원이 있다. 자신이 포함된 공동체에 영향을 미치는 의사결정에 참여할 수 있는 사람이 시민이다. 고대 그리스에서는 정치적 의사 결정권을 가진 사람들의 주 활동 공간이 도시였기에 시민이라는 단어가 만들어진 것이다.

　시민을 '참정권을 가진 사람'이라고 정의하면 선거권이 없는 학생은 시민이라고 볼 수 없다. 하지만 오늘날 학교 교육에서는 학생을 '교복 입은 시민'이라고 부르고 있다. 이는 '의사결정 참여의 권리'를 '선거권'을 넘어 확대한 것이다. 즉, 자신에게 영향을 미치는 것들에 대한 공동체의 의사결정에 참여할 수 있는 권리로 참여의 권리를 확대해서 해석한 것이다.

　'교복 입은 시민'이라는 용어가 시민교육에 있어 내포하는 의미는 한 가지 더 있다. 그동안 청소년을 위한 시민교육은 충실한 학교 교육을 거쳐서 사회에 나가 (선거권을 가졌을 때) 훌륭한 시민이 되기 위한 시민 준비 교육의 의미가 컸다. 그런데 '교복 입은 시민'이라 일컬어질 때는 학생인 지금, 이 순간 시민의 역할을 행사하라는 뜻이 된다. 미성숙한 존재가 아니라 자기 의사결정권을 가진 존재로 인정해준다는 것이다.

'시민' 개념의 핵심은 참여이다. 자신을 둘러싼 유·무형의 환경에 대한 참여이다. 참여할 수 있는 권리를 보유하고 있다는 수동적 의미가 아니라 참여할 수 있는 권리를 적극적으로 행사한다는 능동적 의미의 참여이다. 따라서 시민교육이란 참여 역량을 기르는 교육이다. 자신의 주변에 관한 관심과 민감성을 배워야 하고, 의사결정의 기준이 되는 가치를 배워야 하며, 참여의 방법을 배워야 한다.

그렇다면 학교에서 '교복 입은 시민'들의 시민교육은 어떻게 이루어져야 할까? 학교를 졸업하고 사회에 들어갔을 때 참여할 수 있는 역량을 키우는 것도 물론 중요하지만, '지금, 여기'에서 학생으로 참여하는 역량을 키우는 교육이 필요하다. 학생으로서 자기 삶에 관여되는 유형과 무형의 환경에 관심을 가질 기회가 주어져야 한다. 학생 자발적으로도 이루어질 수 있지만, 교육과정 자체에서 그 기회를 보장해야 할 것이다.

다음으로 필요한 것은 관심을 다른 학생들과 공유할 기회이다. 서로의 관심 주제를 공유하며, 공통의 관심사를 찾아내 공동체의 과제로 만들어가는 과정을 경험할 수 있어야 한다. 공동체의 과제가 추출되면 과제 해결로 가는 길에 대한 토의는 순연해서 발생하기 마련이다. 토론을 통해서 학생들은 나와 다른 의견을 포용하고 보편적 가치가 무엇인가를 인식할 것이다. 여기서 그치지 않고 토론의 결과를 실천할 수 있도록 지지하고 코칭을 하는 것이 교사의 역할이고 교육의 역할이다.

그럼, 생태시민은?

생태전환교육은 민주시민교육, 세계시민교육 등의 시민교육과 연계하여 이루어진다. 생태전환교육을 통해서 길러내고자 하는 인간상이 생태시민이다. 생태시민의 공식적 정의는 서울시교육청 생태전환교육 중장기발전계획에서 찾을 수 있다. 서울시교육청은 생태시민을 '전 지구적 기후위기 상황에 대한 민감성과 책임감을 지니고, 생태환경의 문제해결에 기여하기 위해 노력하는 시민'이라고 정의 내렸다. 그리고 생태전환교육의 목표가 '삶의 전환을 실천하는 생태시민 육성'이라고 하였다.

생태전환교육은 다른 말로 하면 생태시민교육이 된다. 생태적 주제에 관한 시민교육이라는 것이다. 이 점에서 생태전환교육은 민주시민교육, 세계시민교육과 연결고리를 갖게 된다. 그럼 민주시민교육과 세계시민교육에 대해서도 잠시 살펴보도록 하자.

지금 학교에서는 시민교육으로 민주시민교육과 세계시민교육이 실시되고 있다. 단어 그대로만 풀어보면 민주시민교육은 국가를 비롯한 민주적 공동체의 주권자로서 해야 할 역할을 강조하고, 세계시민교육은 지구촌의 주권자로서 해야 할 역할을 강조한다. 교육과정상 차이점도 있다. 2015와 2022 개정 교육과정에서 민주시민교육은 환경·지속가능발전 교육, 다문화교육 등과 함께 10개의 범교과 학습주제 중 하나로 다루어지고 있다. 반면, 세계시민교육은 또 다른 범교과 학습주제인 다문화 교육의 내용 요소에 포함되어 다루어지는 경우가 많다. 그렇다 보니 교육 현장에서는 민주시민 교육은 국내 문제를, 세계시민교육은 국제적 문제를 다룬다고 이분하는 경향이 많이 보인다. 하지만 두 교육은 인류 보편적 가치를 지향한다는 점에서, 그리고 이를 공동체 속에서 구현하기 위해 참여하는 시민 역량을 기른다는 점에서 공통분모를 가지고 연계되는 교육이다.

생태전환교육의 주요 이슈인 기후위기 등은 세계시민교육 차원에서 많이 제시된다. 현세대는 물론이요 미래 세대에 더 큰 타격을 가할 거대한 문제이면서 동시에 단일 국가의 노력만으로는 해결하기 어렵고 지구촌 차원의 협력을 요구하기 때문이다. 따라서 특정 국가의 이해관계를 넘어서 생태적 공존이라는 인류 보편적 가치를 추구하는 대응 노력을 강조해야 하며 이는 중요한 생태전환교육적 요소이다. 이와 함께 오늘날 기후위기가 발생한 원인에 대한 고민도 생태전환교육에서 이루어야만 한다. 기후위기라는 지구적 문제가 발생하고 확산되는 과정에서 일어났을 비민주적 의사결정과 인권 침해 등은 민주시민교육의 차원에서 다룰 문제이다. 기후위기의 발생 원인과 확산에 대해 민주적이고 합리적으로 인식하면서 능동적인 태도로 개선에 참여해야 한다는 점을 민주시민교육에서 강조할 수 있다. 이와 같은 방식으로 생태전환교육은 생태시민교육으로서 민주시민교육, 세계시민교육과 함께 어우러져 이루어질 수 있을 것이다.

생태전환교육의 학교급별 목표

학교급별 목표

　생태전환교육을 학교교육으로 실시한다는 의미는 학교 교육과정을 통해 구현한다는 뜻이다. 이를 위해서는 생태전환교육 구현의 기준이 될 수 있는 목표가 필요하다. 현재 공식적으로 학교급별 목표를 제시하고 있는 것은 서울시교육청 생태전환교육 기본계획에 나온 '학교급별 생태전환교육 목표'이다. 시도별로 학교환경생태교육, 환경생태교육, 생태환경교육, 학교환경교육, 기후위기대응교육, 기후환경교육 등의 이름으로 학교급별 목표와 방향을 밝힌 시도교육청도 있지만, 생태전환교육이라는 명칭으로 학교급별 목표를 밝힌 것이 서울시교육청이기에 여기서는 이를 중심으로 살펴보고자 한다.

　서울시교육청은 생태전환교육의 목표가 '삶의 전환을 실천하는 생태시민 육성'이라고 밝히며 학교급별 목표 또한 제시한다. 유치원의 생태전환교육 목표는 '생명을 존중하고 자연을 소중히 하며, 일상생활 속 실천을 통한 유아 생태시민 기초역량을 키운다'이다. 유아교육에 대한 공교육적 관심이 높아지는 교육 흐름 속에서 '환경 교육의 활성화 및 지원에 관한 법률'도 유아기부터 환경에 관한 관심과 가치관을 키울 수 있도록 환경교육 지원 대상을 확장하기 위해 법 개정을 한 바 있다.

유아기는 생태 감수성이 형성되는 중요한 시기이다. 이 시기에 흙, 풀, 꽃, 곤충, 새, 동물 등 자연을 대하는 기본 태도가 거의 결정된다. 자연의 존재가 지저분하거나 무서워서 피해야 할 대상이 될지, 함께 어울려 즐길 친구가 될지가 정해지는 것이다. 또한 빨강 신호등에 멈추고, 녹색 신호등에 건너는 것을 배우듯이 일회용품보다는 다회용품을 사용하고 짧은 거리는 걷거나 자전거 등을 이용하는 것 등 일상에서의 실천을 배우고 실행하기 시작하는 시기도 이때다.

초등학교의 생태전환교육 목표는 '공동체 의식을 바탕으로 지속가능한 삶을 살아가는 데 필요한 생명(자연)과 같이 살아가는 태도를 기른다'이다. '공동체 의식을 바탕으로'라는 부분이 유아교육과 좀 더 차별화되는 느낌이다. 자신이 속한 집단의 일원이라는 소속감이 공동체 의식이라고 한다면, 또래집단과의 단체 활동을 통해 생명과 같이 살아가는 태도를 양성하는 것이 초등 단계에서 필요해 보인다. 이 시기는 학급 단위 활동이나 동아리 단위 활동으로 학교 텃밭 가꾸기, 학교 숲 가꾸기 등 체험형 교육이 강조되는 시기이다. 실제로 체험형 생태전환교육이 가장 왕성하게 일어나는 학교급이 초등이기도 하다. 자연 체험 외에도 재활용 분리배출 등 자원과 에너지 관련 체험활동도 활발하게 진행되고 있다.

중학교는 '환경과 인간의 공존을 추구하며 지속가능한 삶을 살아가는 데 필요한 역량과 자질을 기르는' 것을 목표로 한다. '환경과 인간의 공존 추구'라는 생태전환교육의 지향점이 목표로 확실하게 명시되기 시작하는 학교급이 중학교이다. 고등학교에서는 한발 더 나아가 '인류의 생태적, 사회적 상황에 대한 인식을 바탕으로 문제해결을 위한 전 과정에 참여하는 자질과 태도를 기른다'라는 목표를 세움으로써 '문제해결'에 '참여'한다는 시민 의식을 강조하고 있다.

중등교육에서 생태전환교육

중등교육인 중학교와 고등학교에서 생태전환교육을 어떻게 실시해야 급별 목표에 부합하는 교육이 이루어질까? 생태전환교육이 발표된 직후 초등에서는 관련 컨설팅 요청을 하는 학교들도 많았고, 관련 연구학교나 시범학교, 중점학교 등에 참여하는 학교들도 많았다. 반면, 중등에서는 개별 교사 차원에서의 관심은 많았으나, 학교 차원에서 컨설팅을 요청한다든지, 관련 활동을 하고자 하는 의지가 높은 학교들이 초등에 비해서 많은 편은 아니었다.

우선, 생태전환교육에 대한 인식이 텃밭 가꾸기나 재활용 쓰레기 분리배출 활성화 활동 등으로 한정되어 초등학교급에 적당하지, 중학교나 고등학교에서 그리 강조할 활동은 아니라는 생각들이 팽배해 있었다. 수업에서도 한 명의 교사가 여러 과목을 한 학급 학생들을 대상으로 가르칠 수 있는 초등학교에서는 생태전환교육과 같은 융합형 수업이 가능하지만, 중·고등학교에서는 개별 과목과 정기고사, 입시와 같은 문제로 생태전환교육을 수업에 적용하기 힘들다는 생각 또한 지배적이었다. 중등은 과목별 담당 교사가 있기에 생태전환교육 역시 환경 교과를 도입해서 환경 과목에 맡겨야 하지 않느냐는 생각과 전적으로 환경 교사가 하는 것이 아닐지라도 학교마다 1명씩 환경 교사가 배치되어 주도해야 한다는 주장이 많이 나왔다.

중등에서는 초등과 다른 형태의 생태전환교육이 필요하다. 교육환경 자체가 다르기 때문이다. 중등에서도 초등처럼 체험형 생태전환교육을 실시할 수 있지만, 중등의 특성상 교과를 통한 생태전환교육에 관심을 둘 필요가 있다. 우선 환경 과목 도입 문제를 먼저 생각해보자. 교육부 발표에 따르면 2020년 기준 전국 고등학교 2,369개교 중 21.9%인 518개교만 환경 과목을 개설했다. 중학교는 더 적어서 전국 3,242개교 중 6.6%인 213개교가 환경 과목을 운영했다. 환경 과목을 개설하는 학교가 늘어나더라도 가르칠 교사가 없다. 교육부 추산 전국 환경교과 교사 수는 2020년 기준 73명으로, 현재도 과목 상치 교사가 환경 과목을 가르치는 게 현실이다. '1학교 1환경 교사'는 이상적인 상황이지만 현실적으로 실현되기까지는 예산과 교사 정원 문제 등 넘어야 할 산이 많다. 그러나 이를 기다리면서 학교들이 마냥 손 놓고 생태전환교육을 미뤄둘 수 없는 상황이다.

생태전환교육이 기존의 환경교육과 다르다는 점도 생각해볼 필요가 있다. 기후 대응교육으로서 생태전환교육을 바라볼 때, 현재 기후위기 시대의 대응을 위해서는 특정 전문인의 노력만 필요한 것이 아니라 모두가 각자의 자리에서 노력해야 하는 상황이다. 그렇다면 환경 교사만 생태전환교육을 해야 하는 것이 아니라 모든 교사가 생태전환교육을 해야 한다. 이를 위해서는 전 교사에 대한 적절한 역량 강화 프로그램도 필요할 것이다. 하지만 무엇보다 중요한 것은 교사의 인식 전환이다. 교사는 마음만 먹으면 어떤 상황에서도 교육을 바꿀 수 있다. 현재 상황에서 중학교와 고등학교에서 진행할 수 있는 생태전환교육을 생각해보자.

중학교는 고등학교에 비해 상대적으로 입시나 정기고사의 중요성이 덜하다는 점에서 교육의 본질을 추구하는 데 더 유리한 상황이다. 교과별로 관련 생태전환교육을 실시하는 것도 좋지만 교과 간 주제 연계 수업이나 융합수업을 통해 생태전환교육을 실시하려는 노력도 바람직하다. 학기말 또는 학년말 전환기 수업으로 생태전환교육 융합수업 주간을 두는 것도 가능할 것이다. 중학생 생태시민 역량 강화의 기회로 자유학년제 주제 선택 수업이나 창의적 체험활동 시간의 활용도 필요하다.

고등학교에서는 학생의 적극적인 주체성 활용을 좀 더 권장한다. 개별 학생의 소질과 적성, 진로 방향에 따라 기후위기의 시대 문제를 해결하는 방안을 스스로 찾아가게 한다. 과학에 관심 있는 학생은 탄소포집 기술 개발에 관해, 경영·경제에 관심 있는 학생은 ESG 경영과 이해관계자 자본주의에 대해 독서와 관련 교과의 심화학습이 가능하다. 교사는 교과 심화의 형태로 관련 교과가 생태전환교육에 이바지할 수 있는 바를 학생들에게 알려줄 수 있다.

생태전환교육 추진전략

공식적 추진전략

　학교급별 교육환경에 맞추어 생태전환교육을 막상 추진하려 하면 어떤 내용과 방식으로 진행해야 할 것인지 막막해진다. 이에 참고할 추진전략이 필요하다. 서울시교육청은 2022년까지 '손수건에서 태양광까지'라는 슬로건을 내걸고 '지구를 구하는 생태전환교육 5'라는 추진전략을 제시하였다. '손수건에서 태양광까지'는 생태전환교육이 다루어야 할 내용 영역을 함축적이고 직관적으로 잘 나타내고 있다. 손수건은 개인 차원에서 생태 행동 실천의 습관화를 상징한다. 이에 대비되는 태양광은 탄소중립 등과 같은 사회 시스템의 변화를 의미한다. 즉, 생태전환교육의 범위는 개인 차원부터 사회 차원까지 아우르는 넓은 스펙트럼을 가진다. 2023년 이후 이 슬로건은 삭제되었지만 생태전환교육의 지향점이 개인을 넘어 사회적 변화까지 도모하고 있다는 점에는 변함이 없다.

　'지구를 구하는 생태전환교육 5' 추진전략은 '배우고', '느끼고', '행하고', '나누고', '말하고'로 구성되어 있다. 추진전략이라는 표현을 사용하고 있지만, 사실상 학생의 학습 과정이라 볼 수 있다. 이 다섯 개의 과정은 권장 순서이지만, 반드시 순차적으로 진행해야만 하는 것은 아니다. 위계적인 것이 아니기에 학생의 발달 수준이나 교육활동 상황에 맞추어 순서를 조정하거나 선택적 적용도 가능하다. 그래도 권장 순서이기에 차례로 살펴보기로 하자.

첫째, '배우고' 전략은 '기후변화 결과, 환경문제 원인 등을 SDGs(지속가능발전목표)와 연계하여 배우기'이다. 이는 생태전환교육의 인지적 영역에 해당한다. 생태전환교육으로 무엇을 배우든 우리가 학생의 인지적 측면에서 추구하는 목표는 학생이 스스로 생각하게 하는 것이다. 기후변화로 인해 우리 주변에 어떤 위기 상황이 벌어지고 있으며, 이러한 기후위기가 발생한 근본적인 이유는 무엇인가를 학생들 스스로 생각하게 만들어야 한다. 이것이 기후위기에 대응하는 다양한 방법의 하나로서 교육이 가지는 근본적 차별성이라 할 수 있다. SDGs와 연계하는 부분에 대한 설명은 뒤에서 자세히 다루고 여기서는 생략하고자 한다.

둘째, '느끼고' 전략은 '기후위기, 환경문제에 대한 민감성 갖기'이다. 생태전환교육의 정의적 영역이라 할 수 있다. 기후변화로 인한 파괴적인 결과를 '안다'와 느낀다'는 차이가 있다. 아는 사람은 지구 평균기온이 산업혁명 이후 몇 도가 올랐는지, 1.5℃까지 상승하는 데 얼마만큼의 기간이 남았는지, 기후변화로 인해 어떠한 자연재해와 사회재난이 있었는지 열거할 수 있다. 하지만 알기만 하고 느끼지 못하는 사람은 이에 대한 두려움이나 위기의식을 가지지 못한다. 감정은 진정성 있는 행동을 촉발하는 역할을 하기에 감정이 없는 지식은 행동으로 이어지지 못하거나 행동하더라도 진정성이 없다. 느끼지 못하는 학생은 스스로 기후위기와 환경문제를 보지 못하게 되고, 주입식의 지식만 채워갈 따름이다.

셋째, '행하고' 전략은 '지구를 위한 실천으로 생태 행동 습관 만들기'이다. 생태전환교육의 행동적 측면, 실천적 측면을 이야기하고 있다. 위의 두 과정이 외부로부터의 자극을 적극적으로 받아들이고 파악하는 과정이라면, 이 '행하고'의 과정은 학습자의 내부로부터 외부로 영향력을 행사하는 과정이다. 학습의 결과로 지속적인 행동의 변화, 생태 행동 습관을 형성하는 것이 목표이다. 앞의 '배우고' '느끼고' 전략에서 이루어진 지식과 태도가 행동으로 통합되는 단계라 할 수 있다.

넷째, '나누고' 전략은 '가치 행동을 함께하고, 생태 행동 실천 경험을 공유·확산하기'이다. 개인적 차원의 변화를 친구들과 공유하는 단계에 해당한다. 지구를 지키는 생태 행동의 개인적 경험을 타인과 공유하고 공감하는 과정을 통해 나의 생태 행동을 전파하고 타인의 생태 행동을 본받는 것

생태전환교육 추진전략

출처: 서울시교육청 2023 생태전환교육 기본계획

이다. 공유를 통해 개인은 생태 행동 공동체가 되고, 공동체는 단순 개인의 합을 뛰어넘는 힘을 가지게 된다.

마지막, '말하기' 전략은 '사회적 연대로 녹색정책, 녹색기업 촉구하기'이다. 앞 과정에서 이루어진 생태 행동 공동체가 힘을 발휘하는 단계이다. 이 단계에서는 생태 행동 공동체로서 또 다른 생태 행동 공동체와 손을 잡고 사회적 물결을 형성하게 된다. 생태전환교육이 개인의 변화를 넘어 사회적 차원의 변화를 도모하는 교육이라는 점에서 강조되는 사회변화 촉구 단계이다. 이는 또한 생태 시민으로서 생태 주권을 발휘하는 과정이기도 하다. 주권자로서 녹색정책에 대해 촉구하고, 생태 소비자로서 녹색기업 물품을 구매하면서 기업을 향해 녹색기업 활동을 촉구하는 활동 등이 이 단계에 속한다.

배움 - 나눔 - 행함 프로젝트

'배우고, 느끼고, 행하고, 나누고, 말하고' 추진전략은 '배움 - 나눔 - 행함' 프로젝트로 교육활동에 적용할 수 있다. 킬패트릭(Kilpatrick)은 프로젝트 학습(Project Method)이란 목적을 추구하는 활동을 통해 이루어지는 총체적 학습(whole learning)이라고 했다. 따라서 프로젝트에서 강조되는 것은 목적성과 활동성 두 가지가 된다.

목적성이란 학습자의 의도를 뜻한다. '기후위기'라는 삶의 문제를 해결하려는 학습자의 의도에서 프로젝트 교육활동이 시작된다. 대주제는 기후위기 해결이지만 학습자의 경험과 환경, 적성 등의 개별 특성에 의해서 소주제는 다양해진다. 어떤 학생은 에너지 절감이나 탄소포집 등의 과학적 해결에 관심을 가질 수 있고, 어떤 학생은 작금의 기후위기라는 현상을 유발한 근본 원인을 자본주의의 무분별한 성장으로 보고 ESG 경영을 통한 해결에 집중할 수 있다. 또 다른 학생은 기후위기가 인간 우위적 사고에서 기인한 것이라 여겨 모든 생명체의 동등한 권리 찾기가 중요하다고 생각할 수 있다. 이렇게 학습자의 학습 의도에 따라 다양한 소주제로 나뉘어 학습 활동이 시작되므로 프로젝트는 학습자의 학습 의도에서 출발한다고 볼 수 있다.

프로젝트의 두 번째 특징인 활동성은 학습이 교사의 가르침을 흡수하는 형태로 이루어지는 것이 아니라 학생의 활동을 통해 이루어진다는 것이다. 학생 스스로 자신이 설정한 소주제에서의 문제해결 방안을 탐구하고, 그 결과물을 창안해나감으로써 지식과 기술, 태도를 함양해 간다는 뜻이다. 학습자의 활동은 학습자가 살고 있는 삶의 터전에서 이루어져야 더욱 의미 있다. 따라서 학교, 가정, 마을과 연계된 활동이라면 배움의 진정성이 높아질 것이다. 학교나 가정의 에너지 소비 형태를 탐구하고 개선하는 활동, 마을 하천과 숲의 생태계를 관찰하고 멸종위기종이나 마을 고유 생태 생물을 보호하기 위한 활동 등이 학생 주도로 이루어진다면 활동성을 갖춘 프로젝트 학습이 될 것이다.

생태전환교육은 이러한 프로젝트 활동을 통해 'OECD 교육 2030'에서 강조한 학습자의 행위주체성(student agency)을 기를 수 있다. 행위주체성이란 참여를 통해 자신을 둘러싼 환경을 더 좋은 방향으로 만들고자 하는 책임감이다.[7] 생태전환교육 프로젝트는 기후위기라는 전 지구적 문제에 접근하

---

7 최수진 외(2019), OECD 교육 2030 참여연구: 연구보고 RR2019-06, 한국교육개발원

여 참여를 통해 더 나은 지구, 더 나은 사회를 만드는 데 일조하고자 하는 학습자를 길러내는 활동이다. 기후위기는 개인적 실천만으로 실질적 해결이 어렵다. 사회 시스템의 변화가 필요하다. 이에 생태전환교육 프로젝트에는 사회적 참여 요소를 포함한다. 또한 일반 프로젝트는 개인별로 이루어질 수도 있고, 협동 프로젝트로 이루어질 수도 있지만 생태전환교육 프로젝트는 협력적 요소를 포함한다. 'OECD 교육 2030'에서도 학생 행위주체성은 학생 개인이 고립된 상황에서 이루어내는 것이 아니라, 주변 사람들과의 상호작용을 통해 구현한다는 점에서 협력적 행위주체성(co-agency) 형성의 중요성을 강조한 바 있다. 기후위기의 해결이 사회 시스템의 변화를 통해서 이루어진다면 이를 위한 협력적 행위주체성이 필요하다.

그럼, 사회적 참여와 협력적 행위주체성을 기르는 '배움 - 나눔 - 행함' 프로젝트를 예시를 통해 구체적으로 살펴보자. 여기서는 고등학교 수준에서 실천할 수 있는 ESG 경영을 주제로 한 배움 - 나눔 - 행함 프로젝트를 예로 들 수 있겠다.

첫 단계인 '배움'에서는 탐구 문제 해결을 위한 실천적 지식을 쌓도록 한다. 실천적 지식이란 사회인으로서 살아가기 위해 알고 있고 알아야만 하는 필수적 지식을 뜻한다. 실천적 지식은 교과 지식을 바탕으로 쌓을 수 있다. 기후변화는 지구온난화로 인해 일어났으며, 지구가 따뜻해진 이유는 온실가스가 지구의 열을 방출하지 못하게 막아서 지구 표면 온도를 높였기 때문이라는 교과 지식에서 출발한다. 온실가스는 공기 중에 약 0.04% 밖에 차지하지 않음에도 지대한 영향력을 미친다는 상세 내용은 교과 수업을 통해 학습할 수 있다. 이를 기초로 학생들은 온실가스에는 어떤 것이 있고, 주 배출 창구가 어디인지를 조사할 수 있다. 조사를 통해 학생들은 이산화탄소와 메탄 등의 온실가스가 현재 약 500억 톤이 배출되고 있는데, 그중 73.2%가 에너지 사용으로 인한 것이라는 점을 알게 된다. 또한 지난 30년 동안 세계 온실가스 배출량의 71%에 대한 책임이 기업, 그것도 100개 정도밖에 안 되는 소수의 기업에 있다는 것도 알게 된다.

교과에서 배운 지속가능한 성장과 기업의 사회적 책임을 바탕으로 학생들은 실생활에서 지식 탐구를 시행한다. 뉴스와 SNS를 통해 학생들은 시사 영역에서 ESG 경영을 접할 수 있다. ESG란 Environmental(환경), Social(사회), Governance(지배구조)의 약자로, 기업의 비재무적 성과를 판단하는 기준이다. ESG를 탐구하며 학생들은 주주 이익 극대화가 목적인 주주 자본주의에서 고객, 근로자, 거래업체, 지역사회 등 기업과 연계된 사회적 이해관계자 전체를 고려하는 이해관계자 자본주의에 관해서도 탐구하게 된다.

이상의 이론적 지식을 바탕으로 학생들은 자신이 접하는 실제상황에 맞도록 자신의 가치관이나 신념에 근거하여 실천적 지식을 재구성해 나간다. ESG 경영이 왜 필요한지, 우리가 사용하는 제품이나 서비스는 무슨 재료로 어떤 공정 과정과 노동환경을 거쳐서 생산되는지, 우리가 사용하는 제품과 서비스를 생산하는 기업은 공정한 의사결정 시스템으로 부정부패 없는 투명한 경영을 하고 있는지, 이러한 정보들은 어떻게 확인할 수 있는지 등에 관해 관심을 가지고 알아나가는 배움의 단계를 거치는 것이다.

두 번째 단계인 '나눔'에서는 앎의 단계에서 얻은 실천적 지식을 주제로 삼아 학생들끼리 서로 만나서 다양한 이야기를 나누며 공감대를 형성해 나간다. 이 과정에서 공통으로 관심 있는 분야를 찾아 프로그램으로 기획할 수 있다. 예를 들어, ESG 경영 여부를 소비자가 쉽게 알 수 있도록 ESG

공시자료를 제품별로 기업 정보에 연동시키는 앱을 개발하거나 그린워싱(위장환경주의) 제품 불매 캠페인을 기획할 수 있다. 앱 개발의 경우 '나눔' 단계에서는 실제 개발이라기보다는 앱을 구상하고 디자인하는 단계까지 공동의 활동으로 하게 되고, 실제 개발은 다음 단계인 '행함'에서 이루어진다.

마지막 단계인 '행함'은 말 그대로 실천하는 단계이다. 개인적인 실천도 중요하지만, 연대를 통한 실천이 훨씬 효과가 있다. 나눔 단계에서 모둠원들과 기획한 프로그램을 모둠원들뿐만 아니라 참여할 친구들까지 모집하여 실천으로 옮긴다. 예를 들어 앱 개발의 경우, 나눔 단계의 구상안을 앱 개발 능력이 있는 친구들이나 단체와 협력하여 실제 앱으로 만드는 것이 이 단계의 활동이다. 그린워싱 제품 불매 캠페인의 경우는 기획한 학생들 중심으로 반 단위나 학년 단위, 또는 학교 단위로 확장하여 실제 캠페인을 시행할 수 있으며 소셜 네트워크를 통해 외부인이나 외부 단체와 연계하여 실시하는 것도 가능할 것이다.

이상의 '배움 - 나눔 - 행함' 프로젝트의 예시를 보면, 개별 교과에서 실시하는 것보다 주제를 중심으로 교과연계 수업을 하는 것이 더 효과적이라는 생각이 들 것이다. 또한 교과를 넘어서 창의적 체험활동의 창의주제 활동, 자치활동, 동아리 활동 등과 연계할 필요성도 느낄 것이다. 그렇다면 2022 개정 교육과정의 학교자율시간이나 고등학교의 수업량 적정화에 따른 여유시간에 활용하면 좋겠다는 계획도 할 수 있을 것이다. 학교 단위를 넘어 다른 학교나 지역사회와 연계해야겠다는 아이디어도 떠오를 것이다. 이렇게 '배움 - 나눔 - 행함' 생태전환교육 프로젝트는 연계와 연대, 사회적 참여를 지향하는 학교 전체적 접근이 필요하다.

SDGs와 연계하라고?

SDGs의 본질[8]

 생태전환교육을 프로젝트나 어떤 다른 형태의 교육활동으로 실시할 때 간과하기 쉬운 것이 SDGs와 연계하는 것이다. 서울시교육청은 추진 전략 '배우고'에서 '기후변화 결과, 환경문제 원인 등을 SDGs와 연계하여 배우기'라고 하며 SDGs와의 연계를 명시하여 강조하고 있다. SDGs란 Sustainable Development Goals의 약자로 지속가능발전목표를 말한다.

 지속가능발전목표는 2015년 9월 UN 회원국 합의로 채택되어 2016년부터 2030년까지 시행되는 국제사회가 공동으로 지향할 목표이다. 기후위기에 대응할 필요성과 지속가능하지 않은 경제와 소비행태를 개선할 필요성이 높아지면서 목표의 명칭 자체가 지속가능발전목표로 확정되었다. 수립 과정에서부터 UN과 정부뿐만 아니라 시민사회, 기업 등 다양한 집단이 참여하여 17개 주목표와 169개 세부 목표, 244개의 지표로 이루어진 포괄적

8 문도운 외(2016). 알기 쉬운 지속가능발전목표 SDGs. 국제개발협력시민사회포럼.

인 목표를 설정하였다. 이 목표는 선진국부터 개발도상국까지 모두 이행 책임을 지고 있으며, UN을 비롯한 여러 국제공동기구의 정책틀로 활용되고 있다.

지속가능발전목표는 5P라고도 불리는 5대 가치에 근간을 두고 있다. 지속가능발전목표를 담고 있는 UN 공식문서인 '지속가능발전을 위한 2030 의제'에서는 5P를 다음과 같이 설명하고 있다. 첫 번째 P는 People, 사람을 가리키며 모든 형태의 빈곤과 기아를 근절하고 인간 존엄성과 평등을 보장해야 한다는 가치를 가리킨다. 두 번째 P, Planet은 지구를 뜻하며, 미래 세대를 위해 지구의 천연자원과 기후를 보존해야 한다는 의미이다. 세 번째 P, Prosperity는 번영으로, 자연과 조화를 이루면서도 동시에 번영하는 삶, 성취감을 주는 삶을 보장해야 한다는 가치이다. 네 번째 P, Peace는 평화롭고 정의로우면서 포용적인 사회를 구현해야 한다는 뜻이다. 마지막 Partnership은 견고한 국제협력을 통해 이 의제를 이행한다는 의미에서 협력의 가치를 뜻한다.

지속가능발전목표의 17개 주목표 구성에 대해 좀 더 살펴보면, 3대 축인 사회발전, 환경보존, 경제성장을 기반으로 하고 있음을 알 수 있다. 단 한 사람도 소외되지 않는 사회와 환경, 경제 구현을 목표로 한다는 것이다. SDGs 이전에 설정된 새천년발전목표(MDGs)도 유의미한 성과를 거두었지만, 가난한 국가의 빈곤 문제에만 집중하였으며 환경에 대한 지속가능성만 다루고 이와 연계된 경제, 사회적 지속가능성을 언급하지 않았다는 한계성이 지적되었다. 이에 SDGs는 모든 국가에서 단 한 사람도 소외되지 않는 환경과 경제, 사회의 조화를 목표로 삼았다.

사회발전을 위한 목표는 5대 가치 중 사람(People)과 관련된 목표들로 빈

곤 퇴치(1번), 기아 종식(2번), 건강과 웰빙(3번), 양질의 교육(4번), 성평등(5번) 등
이 이에 해당한다. 1번 목표는 모든 곳에서 모든 형태의 빈곤을 종식하는
것이다. 절대빈곤 퇴치와 사회보장제도 확립을 주장한다. 2번 목표는 기아
종식으로 식량 안보 달성과 지속가능한 농업 강화를 목표로 한다. 3번 목
표는 건강한 삶의 보장과 웰빙 증진을 목표로 보편적 의료보장시스템 만
들기 등을 포함한다. 4번 목표는 남녀 및 장애인, 선주민 여부에 상관없이
모든 사람이 보편 교육과 자신에게 필요한 교육을 받는 것을 목표로 한다.
마지막 5번 목표는 여성 차별 철폐와 여성과 소녀의 역량 강화를 강조한
다. 이는 인간의 존엄성을 보장하는 사회로 발전하기 위한 목표들이라 할
수 있다.

환경보존을 위한 목표들은 지구(Planet) 가치와 관련된 것으로 물과 위생(6
번), 책임 있는 소비와 생산(12번), 기후변화 대응(13번), 해양 생태계(14번), 육상
생태계(15번) 목표이다. 6번 목표는 깨끗한 물과 위생시설을 보장받도록 수
질 오염을 막고 수자원을 관리하는 등의 세부 목표를 포함한다. 12번 목표
는 책임 있는 소비와 생산 양식을 달성하는 것으로 음식물 쓰레기나 폐기
물 발생을 축소하는 내용 등을 말한다. 기후변화 대응을 직접 목표로 제시
한 13번 목표는 특히 개발도상국의 자연재해 피해 복원 능력 강화를 강조
한다. 14번 목표는 해양 생태계 보존으로 해양오염을 막고 지나친 어류 수
확을 근절하는 내용이다. 육상 생태계 보호는 15번 목표로 지정되어 산림,
습지, 산악지역 등을 보호하고 생물 다양성을 보존하며 사막화를 방지하
는 내용이 포함되어 있다. 이 목표들이 지구를 지키기 위한 환경보존 목표
들에 해당한다.

세 번째 축, 경제성장을 위해서는 번영(Prosperity) 가치와 관련된 깨끗한

에너지(7번), 양질의 일자리와 경제성장(8번), 산업 혁신과 사회기반시설(9번), 불평등 완화(10번), 지속가능한 도시와 공동체(11번) 목표 등이 있다. 7번 목표는 지속가능한 에너지 공급을 위해 신뢰할 수 있는 현대적인 에너지를 적정 가격에 보편적으로 보급하는 것이 목표다. 9번 목표는 복원력 높은 사회 기반시설을 구축하고, 환경친화적 공정을 적용한 산업화를 증진하며, 관련 혁신을 장려하는 것이다. 국가 내, 국가 간 불평등을 감소시키는 것이 10번 목표이고 적당한 가격의 주택 공급, 편리한 대중교통의 확산 등으로 지속가능한 도시와 공동체를 구축하는 것이 마지막 11번 목표이다. 이 목표들이 포용적인 번영을 위한 경제성장 목표들이다.

1번부터 15번까지 목표는 사회발전, 환경보존, 경제성장을 조화롭고 균형 있게 이루기 위해 달성해야 하는 목표라면 16번 목표와 17번 목표는 이를 이행하는 데 필요한 조건과 방법이라 할 수 있다. 평화(Peace) 가치와 관련되어 평화롭고, 정의로운 방식으로, 제도를 통해(16번) 이행하고, 협력

지속가능발전목표

출처: 유네스코한국위원회.https://www.unesco.or.kr/data/unesco_news/view/764/1094/page/0

(Partenrship) 가치와 연계하여 SDGs를 위한 파트너십(17번)으로서 전 지구적 협력이 필요하다는 것이다.

결론적으로, 지속가능발전목표 17은 인류 보편적 문제해결을 통해 사회 발전과 환경보존, 경제성장 중 어느 한 축에 치우치지 않고 세 개의 축 모두의 균형 발전을 이룸으로써 전 인류의 지속가능한 발전을 꾀하고 있다. 17개 목표는 하나의 목표 달성 정도가 다른 목표 달성에도 영향을 미치는 유기적 관계에 있으므로 어느 목표에서 시작하든 모든 활동은 지속가능발전목표가 추구하는 궁극적 목적으로 이어질 수 있다. 그 궁극적 목적은 바로 SDGs의 슬로건처럼 지구촌 단 한 사람도 소외되지 않는(No one left behind) 포용과 조화의 지속가능한 미래이다.

생태전환교육의 내용적 확장

생태전환교육을 지속가능발전목표와 연계하여 배우라는 요구는 얼핏 이해가 가면서도 모호한 주문이다. 지속가능발전목표 세 개의 축 중 환경보존 관련 목표와의 연계는 당연하기에 쉽게 적용할 수 있다. 기후변화 대응(13번 목표)은 생태전환교육의 목적이기에 가장 직접적인 교육내용을 이야기할 수 있다. 해양 생태계(14번 목표)와 육상 생태계(15번 목표) 역시 멸종위기 생물을 다룸으로써 생태전환교육의 내용으로 직접적 연관성을 보인다. 책임감 있는 소비와 생산(12번 목표) 주제도 친환경 상품에 대한 가치소비를 교육내용으로 삼을 수 있겠다는 생각이 금세 떠오른다. 그런데 환경 영역인 물과 위생(6번 목표)으로만 가도 생태전환교육 내용 영역으로 어떻게 다룰 수 있을지 모호하다.

지속가능발전목표의 다른 두 축인 사회발전과 경제성장 영역으로 가면 이 주제가 어떻게 생태전환교육의 내용과 연계될지 더욱 아리송해진다. 그나마 깨끗한 에너지(7번 목표)는 재생에너지 등 에너지 교육으로 직접 연결되고, 산업 혁신과 사회기반시설(9번 목표)도 화석연료를 사용하지 않는 산업과 사회기반시설로의 전환과 연결되어 경제성장 영역을 구상할 수 있다. 그런데 빈곤, 기아, 성평등 같은 인류 보편적 문제는 생태전환교육과 어떤 연결이 될지 쉽사리 떠오르지 않는다.

　실제로 학교 생태전환교육의 내용 영역을 살펴보면 기후, 환경, 생태, 에너지, 자원 재활용에 주로 치우치고 있다. 그렇다면 지속가능발전교육과 차별화되는 의미에서 탄생한 생태전환교육이 왜 지속가능발전목표와 연계하여 지도하라는 주문을 할까? 생태전환교육이 기존 지속가능발전교육과 다르다면 굳이 지속가능발전목표와의 연계를 말할 필요가 있을까? 지속가능발전목표와 물론 관계는 있겠지만 생태전환교육에서 이를 강조하는 이유가 뭘까?

　이런 의문점을 가지고 지속가능발전목표 17개를 유심히 살펴보며, 이 17개의 목표를 꿰뚫는 키워드는 무엇일까를 찾아보았다. 내가 찾은 키워드는 불평등, 격차였다. 이 목표들은 자본주의 경제에서 가장 큰 이슈인 불평등, 격차로 인해 벌어지는 문제들을 해결하기 위한 목표들로 보였다. 빈곤 퇴치(1번 목표)와 기아 종식(2번 목표)은 산업혁명 이후 급격한 경제성장에도 불구하고 지구의 한 곳에서 또는 한 국가 내에서도 어두운 그늘에서 여전히 존재하는 부의 격차 해소를 다루는 것이다. 건강과 웰빙(3번 목표), 양질의 교육(4번 목표), 성평등(5번 목표), 양질의 일자리(8번 목표)도 결국 불평등을 해결하고자 하는 노력이다. 10번 목표 불평등 완화는 직접적으로 불평등 문제를 언급하고 있다.

지속가능발전목표의 키워드가 불평등과 격차 해소라고 생각을 정리하고 있었는데 나중에 알고 보니 지속가능발전목표의 슬로건이 '단 한 사람도 소외되지 않는 것(Leave No one Behind)'이라 한다. 불평등과 격차의 피해를 보는 사람들이 없게 하겠다라는 것이 지속가능발전목표이다. 그렇다면, 불평등과 격차 해소가 생태전환교육의 내용 요소가 된다면 어떤 것이 될까?

바로 기후정의와 환경정의 문제가 생태전환교육의 내용이 된다는 의미일 것이다. 기후위기로 인한 자연재난에서 그리고 연계된 사회재난에서도 가장 큰 피해를 보는 사람들은 사회적 약자들이고, 약소국들이다. 기후변화로 인해 홍수와 해수면 상승이 일어났을 때 가장 먼저 피해를 보는 사람들은 물가에 사는 사람들이다. 산사태가 일어나면 가장 큰 피해를 보는 사람들은 산기슭에 사는 사람들이다. 또, 몇십 년 만의 집중호우가 내리면 배수시설이 부실한 지역의 사람들에게 가장 큰 위험이 닥친다.

이들은 대부분 사회적 약자이고, 이로 인한 전염병 등 위생의 문제, 소득의 저하, 생존 터전의 상실 등을 겪는 사람들이다. 기후위기가 가난한 사람들에게만 영향을 미치는 것은 아님에도 이들은 가장 먼저, 가장 크게 악영향을 받고, 그 영향력에서 벗어나기가 상대적으로 매우 어려운 실정이다. 이는 나라 차원에서도 마찬가지이다. 약소국은 가장 먼저, 가장 크게, 가장 오랫동안 고통 받는다. 모든 재난은 이렇게 사회적으로 낮은 곳부터 임한다. 게다가 불공평하게도 기후위기로 가장 큰 피해를 보는 사람들은 상대적으로 기후위기의 원인이 되는 탄소배출량이 가장 적은 것으로 명시된다.

기후변화의 피해가 모두에게 동등한 영향력을 미치는 것이 아니라는 불평등 문제를 인정하고 이에 대한 완화책을 구하는 것이 기후정의라 할 수 있다. 이러한 기후정의 문제를 다룰 때 지속가능발전목표의 키워드인 불평등과 격차 해소 이슈와 연계시킬 수 있을 것이다. 즉, 기후위기 대응교육으로서 생태전환교육은 기후 불평등에 대한 인식을 교육내용으로 담아 기후 불평등 완화(10번 목표)를 위한 사회적 정의인 기후정의에 대해 생각하게 만드는 교육이어야 한다.

기후불평등이 빈곤(1번 목표)과 기아(2번 목표), 건강과 웰빙(3번 목표) 등의 인류보편적 문제에 미치는 영향을 인지하고 양질의 교육(4번 목표), 성평등(5번 목표) 등의 사회 개발과 양질의 일자리와 경제성장(8번), 산업 혁신과 사회기반시설(9번), 지속가능한 도시와 공동체(11번) 만들기 등의 경제적 동반 성장을 통해 기후정의를 이룰 필요성과 방법을 다루는 교육 역시 생태전환교육이다. 마찬가지로 기후정의 실현의 도구로서 제도(16번 목표)와 사회적 주체 간의 연대(17번 목표) 역시 생태전환교육의 내용 요소가 된다. 이로써 지속가능발전목표 17개 모두가 생태전환교육의 내용 분야로 확장되는 것이다.

생태전환교육 vs 지속가능발전교육 vs 환경교육

지속가능발전교육

생태전환교육을 지속가능발전목표와 연계하여 지도하다 보면 생태전환교육과 지속가능발전교육, 그리고 환경교육은 과연 어떤 점에서 차이가 나는가 하는 궁금증이 생긴다. 먼저 지속가능발전교육이 무엇인가부터 간단히 살펴보자.

지속가능발전교육은 영어로 Education for Sustainable Development라고 하며 약어인 ESD로 칭해진다. 지속가능발전교육은 지속가능발전을 위해 전 지구적 과제를 해결하는 데 필요한 지식, 기술, 가치, 태도를 함양하는 교육이다. 이때 전 지구적 과제란 기후위기와 환경재난, 빈곤, 불평등 등 지속가능발전목표들과 연계된 과제를 의미한다.

이러한 전 지구적 과제에 대한 인식의 시작은 1960년대부터였다. 이 과제에 대한 해결책으로 1987년 브룬트란트 보고서에서 최초로 지속가능발전이라는 개념을 제시하였다. 여기서는 지속가능발전을 '미래 세대의 필요를 충족시킬 능력을 저해하지 않으면서 현세대의 필요를 충족시키는 발전'이라고 정의한다. 이후 2015년에는 앞에서 이야기한 국제사회 공동 목표로 2030년까지 달성할 지속가능발전목표 17개가 제시되었다.

　지속가능발전을 이루기 위한 수단으로서 교육의 중요성이 강조되기 시작한 것은 1992년 리우회의라 불리는 브라질 리우데자네이루에서 열린 UN 환경개발 회의에서부터였다. 환경과 개발에 관한 리우 선언 중 36장을 통해 이행 수단으로서 교육, 홍보 및 훈련의 중요성이 직접적으로 언급되고 강조되었다. 선언문의 한 장을 차지하던 교육이 별도의 선언으로 확대된 것은 2002년 UN 총회에서 선포된 'UN 지속가능발전교육 10년(2005-2014)'을 통해서이다. 유네스코가 선도 기관으로 지정되어 2005년부터 2014년까지 10년 동안은 '지속가능발전교육 10년'으로, 이어 2015년부터 2019년까지는 '지속가능발전교육 국제실천 프로그램'으로 전 세계적 노력이 이어졌다. 그리고 2019년에 국제사회는 'ESD for 2030'을 통해 2020년부터 2030년까지 17개의 지속가능발전목표를 달성하기 위한 교육으로서 지속가능발전교육을 선포하였다.

　결국 지속가능발전교육은 17개의 지속가능발전목표를 달성하기 위한 실천 전략이라고 볼 수 있다. 그런데 지속가능발전목표 중에는 4번 목표 양질의 교육이 있어 듣는 이로 하여금 지속가능발전목표와 지속가능발전교육 간에 순환적 혼선을 일으킨다. 이는 지속가능발전교육이 지속가능발전목표 중 하나이면서 동시에 나머지 16개의 목표를 성취하는 데 필요한 이행 수단이라고 정리하면 될 듯하다.

이제 생태전환교육과 비슷한 개념으로 교육 현장에서 혼용되고 있는 환경교육에 대해 살펴보도록 하자. 세계적으로도 환경교육이 탄생한 것은 그리 오래전이 아니다. 환경교육(Environmental Education)이라는 용어는 1948년 국제자연보존연맹(IUCN) 파리회의에서 토마스 프리차드(Thomas Pritchard)가 처음 사용했다고 한다. 1960년대까지는 자연학습이 주를 이루었고, 1970년대에는 야외교육과 자원 이용 교육 등으로 나타났다. 1980년대에 들어서면서 글로벌 교육의 형태로 확장되어 가치 교육도 강조되었다. 이후 1990년대에는 환경문제 해결을 위한 실행이 강조되며 시민교육으로, 2000년대에는 지속가능한 미래를 위한 교육으로 발전되었다. 결국 발전과 진화를 거쳐 근래의 환경교육은 지속가능발전교육과 연계되었다고 볼 수 있다.

우리나라에서는 1970년대 초반 자연보호운동이 일어나면서 1970년대 중반부터 환경교육을 체계적으로 연구하기 시작했다. 환경교육이 공식적인 학교 교육으로 들어오게 된 것은 1981년에 고시된 제4차 교육과정부터이다. 제4차 교육과정 총론에서 환경교육이 교육활동 전반에 거쳐 이루어져야 한다고 명시하였으며, 제5차 교육과정에서는 환경교육을 8대 지도 중점사항으로 명시하였다. 이때까지는 환경교육이 여러 관련 과목에서 이루어져서, 이른바 분산적 접근으로의 환경교육이 시작되었다고 볼 수 있다.

환경교육이 독립된 과목으로 나타난 것은 1992년 고시된 제6차 교육과정부터이다. 중학교에서는 선택교과 중 하나로 '환경'교과가, 고등학교에서는 교양선택교과 중 하나로 '환경과학'이 신설되었다. 초등학교에는 과목은 없어도 학교재량시간이 설정되어 환경교육을 실시할 수 있었다. 1997년 고시되어 2000년부터 시행된 제7차 교육과정에서도 선택교과가 되어 중학교에서는 '환경', 고등학교에서는 '생태와 환경' 과목이 만들어진다. 이로써 학교 환경교육의 위상을 확립하였다. 기존 분산적 접근과는 달리 과목 집중적 접근과 분산적 접근의 절충이 이루어진 것도 이때이다.

그럼 이제 환경교육의 내용을 좀 더 살펴보자. 우리나라 환경교육법(환경교육의 활성화 및 지원에 관한 법률)에서는 환경교육을 '국민이 환경의 중요성을 이해하고, 환경을 보전하고 개선하는 데 필요한 지식·기능·태도·가치관 등을 갖추어 환경의 보전 및 개선을 실천하도록 하는 교육'이라 정의하고 있다. 환경의 '보전'과 '개선' 그리고 실천을 강조한다는 점에서 국내 환경교육 역시 국제사회 흐름과 발맞추어 지속가능발전교육과 연계되고 있음을 알 수 있다.

환경교육은 그 내용 면에서 세 가지 범주를 가지고 있다.[9] 첫째는 환경에 대한 교육으로 지식 습득에 초점을 맞추는 교육이다. 둘째는 환경 안에서의 교육으로 환경 체험, 직접 접촉을 통해 생태 감수성을 키우고 친환경적 태도를 함양하는 교육이다. 마지막은 환경을 위한 교육으로 환경보전과 환경문제 해결을 위한 실천을 강조하는 교육이다. 전통적인 교육방법인 지·덕·체 교육처럼 지식과 태도, 그리고 실천을 강조하는 것이다. 이러한 내용 구성은 결국 생태전환교육의 내용 구성과도 동일함을 알 수 있다.

---

9   박태윤 외(2001), 환경교육학개론. 교육과학사.

생태전환교육이라는 용어는 앞에서 살펴보았듯이 2020년 서울시교육청이 생태전환교육 중장기 발전계획을 발표하면서 최초로 사용되었다. 역사가 짧기에 학문적으로 논의된 바는 거의 없지만, 최근에 활발하게 연구가 시작되고 있다. 학교 교육 현장에서는 지속가능발전교육, 환경교육과 비슷한 맥락 및 내용으로 교육활동이 이루어지고 있으며, 2022년부터 적어도 서울 초·중등 단계의 학교교육 내에서는 생태전환교육이라는 용어가 낯섦 없이 상용화되어가는 중이다.

생태전환교육이 기존 지속가능발전교육이나 환경교육과 용어를 달리하는 이유는 그 강조점의 차이를 강하게 호소하고 싶기 때문일 것으로 보인다. 생태전환교육이라는 용어 자체에서 강조하는 점은 '생태'와 '전환'이다. 그렇다면 먼저 '생태' 개념을 살펴보아야 할 것이다. '생태'라는 용어가 대중화되면서 일상생활에서 '환경'과 비슷한 말 정도로 사용되는 경우가 많다. 하지만 생태는 근본적으로 환경과 철학적 관점의 차이를 두고 있다. 환경을 뜻하는 영어단어 environment의 'environ'은 '둘러싸다'라는 의미가 있다. 그럼 무엇인가를 둘러싸고 있다는 것이고 그 가운데에 인간이 존재한다. 따라서 인간을 중심에 두고, 우리 인간을 둘러싼 개체를 객관화하는 관점에 기반을 두고 있다. 반면, '생태'라고 할 때 인간의 존재는 겸손해진다. 인간은 만물의 영장이자 지구의 주인이 아니라, 세상에 존재하는 많은 생명체 중 하나인 생물 종에 불과하게 된다. 생태의 개념에서는 중심이란 없고, 모든 생물 종들이 동등한 위치를 차지하기 때문이다. 이러한 관점에서 인간은 개발이라는 이름으로 자연을 훼손할 자격이 없어지게 된다.

'전환'이란 개념은 실천을 강조한다는 점에서 지속가능발전교육이나 환경교육과 결을 같이한다고 볼 수 있다. 환경교육처럼 환경에 대한 지식과 태도가 사회적 실천으로 이어질 필요성을 강조하고 있다. 또한 실천을 통해 단순한 변화가 아니라 개인을 뛰어넘는 사회 차원의 혁신적인 변화를 꾀하기에 지속가능발전교육과 마찬가지로 환경의 측면에서만의 접근이 아닌 사회, 경제적 측면에서의 변화도 함께 도모한다. 학자에 따라 환경교육, 지속가능발전교육, 생태전환교육의 관계성을 다르게 정의 내리겠지만, 그 공통점은 환경위기에 대한 대응으로 교육의 역할에 중점을 두면서 출발한 교육이라는 점에 있다. 따라서 교육을 통한 사회의 변화를 도모한다는 것도 이 세 교육의 공통점이라 할 수 있다.

결론적으로, 생태전환교육은 교육을 통해 세상을 전환하고자 하는 교육이며 지속가능발전교육이나 환경교육과는 인간과 자연 간의 관계 규정에 있어 철학적 차이를 보인다고 할 수 있다. 하지만 학교 현장에서 교육을 시행하는 주체로서 교육실천가의 처지에서나 생활인의 관점에서 중요한 것은 이 세 개 교육 사이의 학문적 공통점이나 차이점을 밝혀내는 것이 아니다. 생태전환교육, 지속가능발전교육, 환경교육 중 어떠한 이름으로 교육 활동을 하든 중요한 것은, 지금의 지구적 위기 상황을 인식하고 이에 대한 해결책으로서 지구상 모든 생명의 공존을 지향하며 주체 간 연대를 통해서 실천 행동을 끌어내는 것이다.

기후위기 대응이란?

대응의 의미

생태전환교육은 앞서 기술하였듯이 기후위기에 대응하여 생태적 전환을 도모하는 교육이다. 그럼 기후위기에 대응한다는 의미는 무엇일까? 이를 살펴보고자 한다. IPCC(기후변화에 관한 정부 간 협의체)에서 제시하는 개념을 빌리자면, 기후 대응의 방법은 크게 감축과 적응 두 가지로 구분할 수 있다.

감축은 기후변화의 원인이 되는 온실가스를 줄이는 것으로 직접적 원인을 없애려는 노력이다. 최근 많이 들리고 있는 '탄소중립' 노력이 이에 해당한다. 탄소중립이란 대기 중으로 배출되는 온실가스양에서 흡수하는 온실가스양을 빼서 순 배출량이 영(zero)이 된 상태를 말한다. 따라서 감축의 노력이란 온실가스 배출을 줄이는 것뿐만이 아니라 배출된 온실가스를 흡수하는 노력까지 포함한다.

온실가스 배출을 줄이는 가장 직접적인 방법은 에너지 사용량을 줄이는 것이다. 에너지 효율성을 높이고 불필요한 곳에 에너지를 사용하지 않는 것, 재생에너지와 천연에너지 비율을 높여가는 것 등이 온실가스 배출을 줄이는 활동이다. 그러면 배출된 온실가스를 흡수하는 방법에는 무엇이 있을까? 이는 자연적 방법과 인공적 방법으로 나눌 수 있다. 자연적 방법은 산림과 해양을 통해 탄소를 흡수하고 저장하는 것이다. 나무를 심고, 산림을 유지하는 것, 염습지나 해초지를 복원하는 것 등이 이에 해당한다. 인공적 방법은 CCUS(Carbon Capture, Utilization, Storage)라 불리는 이산화탄소 포집·저장·활용 기술을 활용해 온실가스를 제거하거나 흡수하는 것을 말한다.

감축이 기후변화 원인을 향한 대응 방안이라면 적응은 기후변화의 결과에 관한 대응 방안이다. 적응이란 기후변화로 인해 일어나는 위험을 최소화하고 기후변화의 파급효과를 기회로 활용하려는 노력을 뜻한다. 기후변화의 원인 대응 활동인 탄소중립 노력은 직접적이며 계량이 가능하여 더 많은 관심을 받고 있지만, 적응에 대한 노력 역시 절실히 요구된다. 지금부터 온실가스 배출을 급격히 줄이더라도 과거에 배출한 온실가스가 남아 있어 향후 최소 50~200년간은 지구 온난화가 지속되기 때문이다. 기후재난에 대한 위기관리를 통해 안전을 확보하려는 노력이 기후변화에 대한 적응 활동으로 필요하다.

기후변화로 인해 상해나 손상을 입게 되는 잠재적 위험성이나 유해성을 기후 리스크(risk)라고 하는데, 기후 적응이란 이 리스크를 평가하고 줄이는 활동이다. 리스크 평가를 위해서는 자연 재난 요소, 자연 재난에 얼마나 노출되어 있는지를 뜻하는 노출 요소, 우리 사회의 취약성 요소 등 세 요소에 대한 평가가 필요하다. 자연 재난이 발생해도 이에 직접적인 노출이 안 된다면 해를 입지 않을 것이다. 자연 재난에 노출되어 피해를 보더라도 이를 경제적, 신체적으로 회복할 수 있다면 그 역시 큰 사회적 문제가 되지 않을 수 있다. 따라서 기후변화에 적응한다는 것은 이 세 요소, 즉 기후 위해를 낮추고, 기후재난에 대한 노출을 줄이고, 사회적 취약성을 줄이려는 노력이다. 이 점에서 지속가능발전목표의 사회적 개발과 사회적 격차 해소 노력 역시 기후위기에 대응하는 활동에 포함되는 것이다.

학교의 기후위기 대응교육과 교육의 생태적 전환

기후위기 대응 활동은 온실가스 감축 활동과 기후변화에 대한 적응 활동 두 가지로 구성된다. 학교의 기후위기 대응 교육 역시 마찬가지로 온실가스 감축 교육과 기후변화에 대한 적응 교육으로 구분할 수 있다.

먼저 온실가스 감축 교육에 어떤 내용을 담을 수 있는지 살펴보자. 크게는 온실가스 배출에 대한 교육과 온실가스 흡수에 대한 교육을 들 수 있다. 배출에 대한 교육은 원인, 영향력, 감소 방안 등이 있다. 첫째, 원인은 온실가스가 무엇이며 인간의 어떤 활동들이 온실가스를 배출하고 있는 주원인이 되는지 등의 직접적인 원인부터 대량생산·대량소비의 산업혁명 이후 경제 활동까지 거시적으로 다룰 수 있다. 둘째, 온실가스의 영향력 부분에서는 지구 온난화로 인한 자연 재난 등 직접적 영향력부터 인류세(anthropocene)로 불리는 인류가 지구 환경에 큰 영향을 미치는 지질 시대, 온난화로 인한 감염병, 빈곤과 굶주림, 무너지는 경제 등 파급효과까지 교육 범위로 둘 수 있다. 셋째, 온실가스 감소 방안에서도 에너지 절약의 다양한 방안부터 CCPU(이산화탄소 포집·저장·활용 기술) 등 과학적 해결방안까지 넓은 범위가 교육 내용의 범주 안에 들어온다. 당장 에너지 절약의 주제만 하더라도 의, 식, 주 등의 생활 관련 주제부터 시작하여 확장될 수 있다. 패스트 패션의 폐해를 담은 의복에 관한 내용, 육식으로 발생하는 탄소에 관해 알아보는 육식과 채식에 관한 내용, 태양력이나 내부 발열을 주 에너지 공급원으로 하는 에너지 절약형 주택인 패시브 하우스(passive house)와 같은 주거 공간에 관한 내용 등이 의·식·주 관련이 될 테고 생활 쓰레기의 자원순환에 관한 내용도 생활 밀접 교육내용이 될 것이다.

온실가스 감축 교육의 나머지 한 축은 온실가스 흡수에 대한 교육이다. 자연적 방법과 과학적 방법 모두 교육내용에 포함될 수 있다. 숲과 해양을 통한 온실가스 흡수에 관한 교육은 자연적 방법에 대한 교육이다. 필리핀의 나무 심기 교육도 이에 해당한다고 볼 수 있다. 필리핀에서는 '환경을 위한 졸업유산법'에 따라 초등학교부터 대학교까지 졸업할 때마다 나무를 10그루씩 심어야 한다. 아무 나무나 심는 것이 아니라 지역별로 지형과 기후에 적합한 토착종 나무로만 심어야 하니 지역 환경에 대한 교육도 함께 이루어지고 있다고 보겠다.

이산화탄소의 주요 흡수원 중의 하나인 해양 생태계에 대한 교육도 필요하다. 바다로 흡수되는 탄소를 '블루 카본(blue carbon)'이라고 하는데, 한 연구 보고에 의하면 지난 200년간 해양은 인간이 배출한 이산화탄소 중 약 40%를 흡수했다고 한다. 그러나 지구 온난화와 인간 활동으로 인해 해양 생태계가 파괴되면 이는 식물 플랑크톤의 광합성을 방해하여 대기 이산화탄소 농도를 증가시킴으로써 역으로 지구 온난화를 가속하는 악순환이 일어난다. 이와 관련한 과학적 논의, 사회학적 논의, 해결 방법에 대한 실천도 생태전환교육의 영역이 된다.

이제 기후변화 적응 교육으로서 생태전환교육을 살펴보자. 앞에서 언급하였듯이 기후변화 적응은 기후 리스크를 평가하고 이를 줄이는 활동이 주를 이룬다. 리스크의 3요소인 자연 재난, 노출, 취약성을 고려할 때, 자연 재난에 노출되었을 때 가장 취약한 계층의 취약성을 낮추는 교육이 기후변화 적응 교육이라고 할 수 있다. 학교 교육에서 이런 취약 계층은 누구일까? 경제적으로 어려운 교육복지 대상 학생, 장애를 지닌 특수교육 대상 학생, 배움에 어려움을 겪는 학습 부진 학생, 다문화 학생 등이 이에 해당할 것이다.

각각의 학생 집단으로 표현하고 있지만, 학교 현장에서 이 집단들은 상당 부분 교집합을 이루고 있다. 교육복지 대상이면서 학습 부진 학생, 다문화 학생이면서 교육복지 대상이자 학습 부진 학생, 특수교육 대상이면서 교육복지 대상이고 학습 부진이기도 한 학생들이 많다. 이들에 대한 보다 많은 관심과 교육적 노력이 필요하다. 실제로 홍수, 폭우 등의 피해를 직접적으로 받는 학생들이 이들이다. 또한, 코로나19 상황에서 가장 먼저, 가장 힘들게 코로나를 겪었던 학생들이 이들이었다. 환기가 안 되는 밀폐된 공간에서 일하던 부모들은 코로나19 초기에 가장 먼저 감염될 수밖에 없었다. 좁은 방 한 칸에서 부모, 형제들과 숙식을 같이할 수밖에 없던 이 학생들은 학교에서 가장 먼저 코로나에 걸렸다.

재난과 위기 상황에서 이 학생들에 먼저 관심을 기울이고, 아직 위기가 닥치지 않은 상황에서도 이 학생들에 대해 지속적 관심을 기울이는 것 역시 생태전환교육이라고 할 수 있다. 이 포인트에서 학교의 생태전환교육은 좁은 의미의 환경교육을 넘어서서 교육의 생태적 전환으로 확장될 수 있다.

지금까지 생태전환교육의 개념 파악을 통해 생태전환교육의 필요성, 내용과 방법을 살펴보았다. 생태전환교육은 기후변화에 대응하는 교육으로 개인뿐만 아니라 조직문화와 시스템의 생태적 전환을 통해 생태문명으로 이행을 추구하는 교육이다. 생태전환교육은 기후위기의 임계점에서 기후 대응 교육으로 시작되었다. 그렇기에 그 내용은 온실가스 감축 교육과 기후변화에 대한 적응 교육이며 이는 지속가능발전목표 17과 연계되어 있다. 생태전환교육은 개인의 변화를 넘어서 조직문화와 시스템의 생태적 전환을 도모하기에 교육 방법에 있어서 시민교육의 방법론이 적용되며 교수·학습 방법에 있어서는 '배움-나눔-행함' 프로젝트와 같은 학습자 행위주체성 (student autonomy)을 함양하는 전략이 요구된다. 이제 다음 2장에서는 우리 학교에서 교육과정의 전 영역에 생태전환교육을 도입한 사례를 소개하고자 한다.

2장

한번 해볼까

– 생태전환교육 교육과정 만들기[10]

---

10 책에 실린 교수학습지도안과 자료 사진 등은 '전일중 생태전환교육 연구학교 운영보고서'와 '전일중 나눔터' 밴드에서 발췌함.

생태전환교육을 연구하는 학교

연구학교에 도전

"교장 선생님, 연구학교 모집 안내 공문이 왔어요." 연구부장 선생님
이 공문을 들고 오셨다. 생태전환교육 연구학교를 모집한다는 공문이다.
2020년 생태전환교육 중장기 발전계획을 발표한 서울시교육청에서 2021학
년도부터 2022학년도까지 2년간 생태전환교육을 시범 운영할 연구학교를
모집한다는 내용이다. "어떻게 할까요?" 부장 선생님이 묻는다. "우선 회의
를 해보지요."라고 대답하고, 교감 선생님, 수석 선생님, 교무부장 선생님
을 한자리에 모았다.

우리는 둘러앉아 연구학교 심사 기준에 따라 검토를 시작했다. 먼저 첫
번째 검토사항은 우리 학교가 생태전환교육이라는 연구 특성에 적정한 학
교인가이다. 우리 학교는 전국 최초 실내 생태체험교실인 마음풀 교실을
통해 교과수업, 창의적 체험활동, 상담, 마을과 함께하는 교육을 해왔기에
적정하다는 판단이 내려졌다. 또한 전교생을 대상으로 학생회가 중심이 되
어 체인지 메이킹 활동을 활발하게 해오고 있었기에 변화와 혁신의 생태전

환교육에 대한 긍정적 공감대도 형성되어 있었다.

두 번째 심사 기준이자 검토사항은 연구 과제를 효과적으로 추진할 수 있는 교원 조직, 교육시설 등 교육 여건이 조성된 학교인가이다. 우리 학교는 젊은 교사들이 대다수를 차지하고 있으며 고경력 교사가 부장으로 멘토 교사가 되어 학교를 이끌고 있다. 우리 학교가 첫 발령지인 교사가 68%나 되니 정말 젊은 열정과 능력이 넘쳐나는 학교이다. 다만 중간 경력층이 거의 없어 열정을 학교 조직의 상황에 맞게 연결하고 모아내는 구심점이 부족한 상황이다.

오래된 가스레인지를 켜본 적이 있다면 가스는 충분히 통해도 점화되기까지 타다닥 점화 소리만 들리고 불이 완전히 올라오지 않는 경험을 해보았을 것이다. 불이 올라왔다 해도 잠시 더 점화 스위치를 계속 잡고 있어야 불길이 유지된다. 이렇게 가스는 충분한데 점화력이 필요한 상황이 우리 학교 교육 인력 현황이었다. 다행히도 우리 학교의 고경력 선생님들이 점화의 역할을 해주실 수 있는 분들이었다. 그들은 세대 차를 넘어 젊은 교사를 이해하며 함께 움직여주고 계셨다. 따라서 교원 조직 역시 연구학교에 적합하다고 판단했다.

교육시설 면에서도 적합했다. 마음풀 교실은 물론이고 다수의 텃밭에서 고추, 상추, 토마토, 가지, 파 등의 채소와 감자를 수확하고 있고 감나무, 체리나무, 포도나무, 모과나무에 딸기, 수박까지 키웠다. 혹자는 우리 학교더러 농업중학교냐고 할 정도였다. 야외체험장도 이미 정비하였다. 서울시 에코스쿨 예산을 받아 야외수업이 가능한 장미정원도 조성하였고, 등나무 야외수업장도 마련되어 있었다. 시설 면에서도 연구학교를 운영하기에 충분했다.

마지막이자 가장 중요한 검토사항은 학교장과 교원의 의지가 강한가이다. 학교장인 나는 교육청의 환경·생태·에너지 교육 포럼을 지원하면서 생태전환교육에 대한 인식이 다른 교장 선생님들에 비해 높은 편이라 여겨졌다. 회의에 모인 교감 선생님, 수석 선생님, 교무부장 선생님, 연구부장 선생님 역시 생태전환교육에 긍정적이고 우리 학교에 적합한 교육이라고 생각했다. 그런데 다른 선생님들은 어떻게 생각할지 확신이 서지 않았다.

분명 생태전환교육은 시대적 요청에 맞는 교육 지향점이며 우리 학교 실정에도 맞는 교육이다. 이 점에는 우리 학교의 모든 선생님이 동의할 것이다. 다만 많은 교사가 연구학교 운영에 반감이 있다는 문제점이 있다. 이런 현상은 교육계 전반에 걸쳐 나타나고 있다. 실제로 그렇지 않음에도 불구하고 승진을 원하는 교사들이 하는 활동에 들러리 서는 것이라는 생각을 가지기도 한다. 그래서 예전보다 연구학교에 지원하는 학교도 줄어들었고 공모로 나오는 연구학교 숫자 자체도 적다.

그렇다면 연구학교를 하지 않고 생태전환교육에 몰두하는 것도 한 방법이기는 하다. 하지만 연구학교로 예산지원을 받는다면 우리 학교의 전체 교육활동을 생태적 전환에 초점을 두고 활성화하는 데 큰 도움이 된다. 1년에 5천만 원씩 예산이 더 지원된다면 학생 교육과 교사 연수, 학부모 협력과 마을 강사 연계까지 더 알차고 풍부한 체험적 교육활동이 가능하다. 교사 측면에서 볼 때도 본인이 원하는 학급 활동과 교과 활동을 예산의 제한 없이 얼마든지 할 수 있다는 장점이 있다.

회의 결과, 우리는 전체 선생님들의 의견을 직접 묻기로 했다. 연구학교를 운영하려면 재직 교원의 반 이상이 찬성해야만 한다. 연구학교는 개인 연구가 아니므로 전체 교원이 함께 움직여야 하기 때문이다. 전체 교원의 의견을 묻는 자리에서 우리는 두 가지 포인트에 중점을 두고 생태전환교육 연구학교를 소개하기로 했다.

첫째, 생태전환교육의 필요성에 집중하자는 것이다. 코로나19로 1년째 원격수업을 하는 상황이었다. 생태환경의 중요성은 모두가 격하게 동의하는 바일 것이다. 거기에 더하여 우리 학교에는 승진에 필요한 연구점수를 따기 위해 연구학교를 하실 선생님은 한 분도 없는 상황임을 강조하기로 했다. 보통 이런 학교들은 연구학교를 포기한다. 중심이 되어 일할 교사가 없기 때문이다. 하지만 승진 목적이 아니라 교육 목적에 충실하자는 호소는 교육에 진심인 우리 선생님들에게 더 먹힐 것이다.

둘째, 운영에 있어 부담감을 더는 방향으로 운영하겠다는 것이다. 생태전환교육 연구학교를 한다고 하여 뭔가를 새로 만들기보다는 기존에 있던 교육활동을 생태전환교육의 각도에서 재조명하는 교육을 말 그대로 연구하는 학교가 되자는 것이다. 연구학교 TF팀을 구성하여 TF가 주축이 되어 기획하고 전 교직원이 교육활동에 참여함으로써 몇 명의 교사에게 주어지는 부담감을 줄이고 교육적 효과를 높이는 방향으로 운영하자는 논리다.

이렇게 생태전환교육 연구학교를 소개하고 전 교원 무기명 투표를 시행하였다. 성공이었다. 전체 34명의 교사 중 31명의 찬성으로 생태전환교육 연구학교에 공모하기로 결정하였다.

어떻게 운영할까

시작이 반이다. 압도적 다수의 찬성으로 연구학교에 응모하게 되었다.

사실 이 결과 자체만으로도 우리 학교에는 너무나 놀라운 변화였다. 솔직하게 털어놓자면 우리 학교는 그렇게 변화와 혁신을 선호하는 학교는 못된다. 내가 우리 학교에 오기 전에는 어떤 연구학교나 혁신학교, 시범학교 운영에도 선생님들의 다수가 반대했다고 한다. 상당히 많은 학교가 진행했던 서울형 자유학기제 시범학교조차도 우리 학교는 시도하지 않았었다.

우리 학교에 온 첫해, 미래학교 공모가 있었다. 지은 지 50년이 넘어 낡아빠진 우리 학교를 새로운 모습으로 변화시키고 4차 산업혁명의 인재를 키우기에 적합한 학교 프로그램이 미래학교였다. 하지만 이 역시 선생님 대다수가 원하지 않았다. 이에 나 역시 우리 학교 선생님들과 충분히 교감하고 상호존중이 자리 잡은 이후에 변화를 추구하기로 했다. 그런데 이제 우리 학교에 온 지 만 2년에 가까운 시점에서 선생님 대다수가 변화를 원하게 되었다.

교장과 교사 간의 교감이 확대된 것과 더불어 코로나19가 바꿔놓은 교육 현장이 변화에 대한 욕구를 자극한 것이다. 원격수업으로 전환되면서, 생각할 여유도 없이 바쁘게 종종걸음을 치던 선생님들에게 새로운 부담과 함께 생각할 시간이 주어졌기 때문이다. 이렇게 생태적 변화와 교육의 변화에 대한 공감대가 형성되었고 교장과 교사 간의 상호 신뢰도 자리를 잡게 되었다.

이제 계획서 작성의 단계로 접어들었다. 초기 회의를 위해 모였던 교감 선생님, 수석 선생님, 교무부장 선생님, 연구부장 선생님에 연구부원 선생님들과 과학 선생님들이 함께 모여 계획서의 초안을 잡았다. 나는 필요한 자료들을 수집하여 제공하였다. 생태전환교육 연구학교 공모는 최초이기에 생태전환교육에 관한 직접적 자료들이 거의 없었다. 서울시교육청뿐만 아니라 타 시도의 환경교육 연구학교, 지속가능발전교육 연구학교, 푸른 하늘지킴이 우수사례집, 현재까지 발표된 서울시교육청 생태전환교육 계획들, 기후·생태·환경·에너지 관련 교육 자료들을 모으고 정리하여 계획서 기획팀에 제공하였다.

우리 기획팀은 생태, 환경, 에너지에 관한 교육을 민주시민이자 세계시민적 관점에서 진행하는 콘셉트를 설정하였다. 그리고 '지속가능한 미래를 가꾸는 C.A.R.E. 전일생태전환교육'을 연구주제로 잡았다. C.A.R.E.는 네 개의 운영과제 키워드의 앞 자를 따서 만든 머리글자이자 지구를 보살핀다는 중의적 의미를 지니고 있다.

첫째, C는 교육과정(Curriculum)을 뜻한다. 가장 중요하면서도 당연한 사항이다. 학교의 정규 교육과정과 연계하여 생태전환교육을 운영할 계획이다. 둘째, A는 연계(Association)를 뜻한다. 교육공동체와 함께하는 생태전환교육을 꿈꾼다. 이를 위해 교원과 학부모의 역량을 강화하고 마을과 연계하여 생태전환교육을 실시할 것이다. 셋째, R은 혁신(Revolution)을 뜻한다. 생태환경 체인지 메이킹 활동을 통하여 일상생활에서도 생태적 전환을 도모하는 혁신 생태시민으로 우리 학생들을 육성하고자 한다. 마지막 E는 에너지(Energy)이다. 기후변화의 주된 원인인 온실가스의 73.2%가 에너지 이용에서 발생한다. 탄소발자국 제로를 향한 생태전환교육을 지향하며 운영할 것이다.

이상, 네 개의 운영과제를 중심으로 짧은 시간에 집약적 노력을 통해 계획서를 작성하고 제출하였다. 그런데 경쟁률이 생각보다 높단다. 다른 연구학교들은 미달로 재공모하기도 하는데 생태전환교육은 꽤 많은 학교가 응모하였다는 것이다. 역시 우리 학교와 마찬가지로 생태전환교육의 필요성에 공감하는 학교가 많았던가 보다. 그래도 우리의 노력은 헛되지 않았다. 서울시에 두 개밖에 없는 중학교 생태전환교육 연구학교 중 하나로 선정되었다.

자, 이제 시작이다. 예산의 동력을 받아 교육의 생태적 변화를 시도해보자!

교육과정 연계? 교과 연계!

교육과정 구성

생태전환교육 연구학교를 한다는 것은 생태전환교육을 어떻게 교육과정과 연계할 것인가를 연구한다는 의미이다. 학교 교육과정이란 넓은 의미에서는 학교가 제공하는 경험의 총체를 지칭한다. 그렇지만 교육을 의도적이고 계획적인 실천 활동이라고 볼 때 교육과정은 교육목표에 따라 교육내용과 교육방법, 평가를 체계적으로 조직한 교육계획이 된다. 따라서 생태전환교육을 교육과정에 연계한다는 것은 교육목표, 교육내용, 교육방법, 평가에 생태전환교육을 반영하여 교육계획을 조직하고 실천한다는 뜻이다.

우리나라 교육과정은 법령에 근거하여 마련되고 실천되는데, 교육기준법과 초·중등교육법에 근거하여 국가수준 교육과정이 고시된다. 이를 바탕으로 시·도 교육청에서 지역수준의 교육과정을 제시하고, 이에 근거하여 각 학교에서는 학교 상황에 맞는 학교 수준의 교육과정을 만들게 된다. 따라서 우리 학교의 생태전환교육과정 역시 국가수준과 지역수준 교육과정의 틀 안에 담아야 한다.

그렇다면 먼저 교육과정이 어떻게 편성되어 있는지를 살펴보자. 우리 학교가 운영한 생태전환교육은 중학교 교육과정에 따라 운영되었으므로 여기서는 중학교 교육과정 중심으로 알아보고자 한다. 중학교 교육과정 편성은 크게 교과와 창의적 체험활동으로 분류할 수 있다. 교과는 국어, 사회(역사), 도덕, 수학, 과학, 기술·가정, 정보, 체육, 음악, 미술, 영어, 선택교과로 이루어져 있다. 선택교과에는 한문, 환경, 생활 외국어, 보건, 진로와 직업 등의 과목이 있다. 보통 생태전환교육이나 환경교육을 교과와 연계하여 실시한다고 하면 선택교과 중 환경 과목을 채택하여 시행하는 것이 직접적인 방법일 것이다.

창의적 체험활동은 교과와 비교할 때 학교에 자율권이 더 많이 주어지는 영역이다. 2015 개정 교육과정에서 창의적 체험활동은 자율 활동, 동아리 활동, 봉사 활동, 진로 활동의 네 영역으로 구분된다. 생태전환교육을 처음으로 도입하는 학교들은 학교 재량으로 운영의 자율 폭이 큰 창의적 체험활동부터 시작하는 경우가 많다. 특히, 자율활동 중 창의주제 활동으로 생태전환교육을 실시하거나 동아리 활동을 바탕으로 하는 경우가 많다.

중학교 교육과정에서 생태전환교육을 쉽게 도입할 수 있는 또 다른 영역은 자유학기제 주제선택 활동이다. 자유학기제의 경우 시·도 교육청에 따라 1개 학기만 실시하는 자유학기제를 시행하거나 1개 학년을 실시하는 자유학년제로 시행하고 있다. 2022 개정 교육과정이 적용되면 자유학기제로 정착될 것으로 예상되나, 우리 학교가 연구학교를 시행한 시기에 서울은 자유학년제로 운영되고 있었다. 자유학년제는 지식과 경쟁 중심의 교육에서 벗어나 학생의 희망과 관심에 따라 자기주도적 학습을 할 수 있도록 도입된 제도이다. 중학교 1학년 2개 학기 동안 교과 및 창의적 체험활동 시간을 활용하여 자유학기 활동을 연간 221시간 이상 편성하여 운영하고 있다. 자유학기 활동은 주제선택 활동, 예술·체육 활동, 동아리 활동, 진로탐색 활동의 4개 영역으로 구성되어 있다. 생태전환교육을 처음 도입하는 학교들은 환경교과를 선택교과로 구성할 때 직면하는 교사 수급 등 여러 가지 현실적 문제 때문에 환경 관련 주제선택 활동으로 생태전환교육을 시작하는 경우가 많다.

교과 연계의 필요성

생태전환교육을 교육과정에 연계할 때, 창의적 체험활동과 자유학기 활동에 도입하는 것이 가장 쉽게 학교 교육과정 안에 포함하는 방법이다. 이 두 활동이 학교 재량에 따라 활동 편성의 자율권을 가장 많이 주는 영역이기 때문이다. 그러나 교육과정 시간 배당 기준을 살펴보면 생각의 방향을 달리할 필요성이 느껴진다. 국가수준 교육과정의 중학교 교육과정 시간 배당에 따르면 중학교 3년 동안 학생이 받아야 할 총수업시간 수는 3,366시간이고 그중 교과에 3,060시간, 창의적 체험활동에 306시간이 배당된다. 90.9%가 교과 시간으로 구성된 것이다.

90%가 넘는 교과 시간에 생태전환교육을 실시하지 않는다면 그것을 교육과정 연계라고 할 수 있을까? 우리 학교는 생태전환교육 연구학교를 시작하면서 이 점에 주목했다. 생태전환교육은 교육과정에 연계해서 실시해야만 한다는 것이 대명제이다. 교육과정의 약 91%는 교과가 차지한다.

따라서 3단 논법에 의해서도 명쾌하게 생태전환교육은 교과와 연계해야만 한다는 결론이 나온다.

국가수준 교육과정에서도 교과에서 생태전환교육을 실시할 수 있는 근거를 제시하고 있다. 국가수준 교육과정에서는 범교과 학습주제 10가지를 정하여 교과와 창의적 체험활동 모두에서 통합적으로 다루도록 하고 있는데, 그중 하나가 '환경·지속가능발전 교육'이다. '환경·지속가능발전 교육' 주제로서 생태전환교육 실시가 가능한 것이다. 또한 범교과 학습주제는 가정과 지역사회와 연계하여 지도하게 되어 있어 생태전환교육 지도 취지에도 부합한다.

생태전환교육을 교과에서 실시해야 할 두 번째 이유는 지금의 환경위기가 일부 관심 있는 사람들의 노력만으로 해결될 수 없기 때문이다. 앞에서 설명하였듯이 기후위기는 지구 종말론까지 언급될 정도로 심각한 상황이다. 그리고 급속도로 달리고 있는 뜨거운 지구 열차를 멈추게 할 수 있는 마지막 기회가 지금이다. 이는 개인의 노력만으로 해결될 수 없으므로 시스템의 전환까지 요구된다. 이런 상황에서 지구인 모두는 각자의 처지에서 생태전환 활동을 펼쳐야만 하고, 교사의 기후 대응활동이 생태전환교육이다. 그렇다면 생태전환교육은 환경 교사 혼자만의 역할도 아니고, 환경에 관심 있는 일부 교사만 참여해도 되는 활동이 아니라 모든 교사의 의무 사항이 되는 것이다.

교과에서 생태전환교육을 실시하기로 한 마지막 세 번째 이유는 우리 학교가 생태전환교육 연구학교이기 때문이다. 연구학교는 개인 연구가 아니라 집단 연구를 시행하는 학교이다. 학교 구성원 전체가 참여하여 학교 단위로 움직이는 것이 연구학교이다. 그러기에 전체 교사의 찬성률을 반영하여 연구학교를 선정한다. 물론 전체 연구를 견인할 핵심 요원은 필요하지만 전 교직원과 전체 학생이 참여해야만 진정한 연구학교라 할 수 있다. 이에 우리 학교는 창의적 체험활동과 자유학기 활동뿐만 아니라 모든 교과에서 생태전환교육을 실시하기로 결심하였다.

일단 해보자! 전 교과 전 교사 생태전환교육

Just Do It!

　모 스포츠용품 기업의 슬로건 문구가 있다. Just do it! '일단 한 번 해
봐'라는 뜻이다. 이 기업은 'Just do it' 캠페인을 통해 스포츠 신발 시장 점
유율을 18%에서 43%로 증가시켰다고 한다. 그만큼 사람들의 심장을 뚫
는 매력적인 어구이다.

　우리 학교 생태전환교육 시작에 어울리는 말이 바로 이 문구 'Just do
it'이었다. '일단 해보자'로 우리는 무모하게 보일 수도 있는 전 교과 전 교
사 생태전환교육을 시작하였다. 우리 학교가 생태전환교육을 하고 있다
고 하면 많은 사람이 묻는다. "전일중학교 생태전환교육의 특징은 뭐에
요?"라고. "전 교과 전 교사 생태전환교육이에요."라고 대답하면 어리둥절
해한다. "그게 가능해요?" 두 번째 질문이다. 국가수준 교육과정에서 허
용됨에도 불구하고 그런 질문이 나오는 이유는 그만큼 모든 교사가 참여
하는 교육이라는 것이 학교 현장에서는 어렵기 때문일 것이다. 그래서 더
욱더 생태전환교육에 한마음으로 함께 참여한 우리 학교의 모든 선생님

에게 절로 감사의 마음이 나온다.

생태전환교육 연구학교를 시작하면서 우리는 새로운 행사 기획보다 기존 교육활동을 생태전환교육의 시각으로 재조명하기로 약속했었다. 우리 교사들의 교육활동은 다양한 형태로 이루어지지만, 그중 가장 중심을 차지하는 것은 교과 지도이다. 따라서 이 교과에서 교육목표가 되든, 교육 내용이 되든, 교육 소재가 되든 생태전환교육을 반영하기로 한 것이다. 앞에서 살펴보았듯이 생태전환교육은 삶 전반과 연계되어 그 범위가 광대하므로 약간의 아이디어만 보탠다면 모든 교과에서 실시할 수 있다. 필요한 것은 교과에서 생태전환교육을 실시하겠다는 교사의 의지이다.

우리는 신학년 집중 준비기간을 통해 우리의 의지를 확고히 했다. 신학년 집중 준비기간은 2월 하순 3일간의 전 교직원 워크숍을 통해 3월에 시작하는 새 학년도를 준비하는 기간이다. 생태전환교육 연구학교는 연구 기간이 2년으로 되어 있어 1차 연도와 2차 연도 목표에 약간의 차이를 두었다. 1차 연도는 태동기로 모든 교과와 창의적 체험활동에서 생태전환교육 요소를 반영하는 것을 목표로 했다. 이를 위해서 전 교직원은 생태전환교육이 무엇인지에 대한 교육을 받고 토론하며 교과별로 생태전환교육 계획을 짰다. 2차 연도는 정착기로 1차 연도에서 이루어진 교육활동들의 연계를 목표로 하였다. 따라서 교과에서는 생태전환교육을 중심으로 교과 간 연계 수업, 융합 수업을 시행하고 교과와 창체활동의 연계, 학교-가정-지역사회의 연계를 중점에 두기로 하였다.

워밍업 -도전 생태전환 퀴즈

몸풀기 OX 퀴즈 5

본격적으로 우리 학교의 생태전환교육 사례를 살펴보기 전에 생태전환 OX 퀴즈 5문제를 아래에 제시하였다. 독자 여러분이 환경에 관해 얼마만큼 알고 있는지 가벼운 마음으로 점검해보는 기회가 되었으면 한다. 아래 다섯 문제는 일상생활이 환경에 미치는 영향에 관한 진술이다. 맞으면 ○, 틀리면 ×로 답하면 된다. 준비되었는가? 그럼, 아래에 나온 답은 손바닥으로 가리고 도전해보자.

도전, 생태전환 퀴즈

1. 에코백은 10회만 사용하여도 일회용 비닐봉지를 대체하는 효과가 있다.
2. 전 세계 곡물 생산량의 1/3이 가축의 먹이로 사용된다.
3. 배달 음식 그릇을 덮은 랩은 비닐류로 배출한다.
4. 모든 사람이 전기차만 탄다면 차로 인한 온실가스는 배출되지 않는다.
5. 의류산업이 배출하는 탄소량이 선박 운항으로 인한 탄소 배출량보다 많다.

어떤가? 답하기 쉬웠는가? 이제 채점해보자. 정답은 1번 ×, 2번 ○, 3번 ×, 4번×, 5번 ○이다. 한 문제당 20점으로 계산하여 100점 만점으로 점수를 매겨보라. 당신은 몇 점을 받았는가? 100점이라면 당신은 환경에 매우 관심이 많은 사람이다. 거의 전문가 수준이라 할 수 있다. 환경 관련 실천력도 높은 편일 것이다. 80점이라면 당신 역시 환경 관련 관심과 지식이 높은 편에 속한다. 60점도 낮은 점수라 생각할 필요 없다. 역시 환경에 관심이 많은 쪽에 속한다. 40점 미만이라면 조금 더 환경과 생활의 관계에 대해 살펴봐도 좋겠다. 낙담은 금물. 이 문제들을 풀어봤다는 것만으로도 당신은 충분히 환경에 관심을 기울이고 있는 것이니까.

교장 선생님, 교감 선생님들을 포함하여 선생님들을 대상으로 하는 연수, 학부모를 대상으로 하는 연수에서 이러한 생태전환 퀴즈로 교육의 문을 열었다. QR코드로 제시하여 참여자가 휴대전화를 사용하여 문제를 풀도록 하면 문제 제시자는 참여자의 수와 점수를 실시간으로 확인할 수 있다. 100점 만점을 받으시는 분들이 의외로 몇 분 계셨다. 집단에 따라 달랐지만 10% 미만이었다. 관심 있는 선생님들이 모인 자발적 연수가 아니라 의무 연수인 경우인 경우에도 100점이 나왔다. 또한 시간이 지날수록 연수에서 100점의 비율이 높아졌다. 이를 통해 생태전환교육과 일상 실천에 관한 관심이 점점 높아져 가고 있음을 확인할 수 있었다.

퀴즈에서 출발하는 수업

에코백과 거절하는 연습

수업의 도입부는 수업 주제를 소개하고 학생의 흥미를 자극하여 수업에 적극적으로 임할 수 있도록 동기를 유발하는 역할을 해야 한다. 따라서 여러 가지 수업전략이 사용되는데, 퀴즈도 그중 하나다. 퀴즈는 수업 시작 도입부에서는 출발점 행동, 즉 수업내용에 대한 학생들의 기존 지식을 점검하는 실질적 목적이 있다. 동시에 학생들에게는 승리욕을 발동시켜 흥미를 느끼며 수업 주제에 집중할 수 있는 계기가 된다.

여기서는 앞에서 제시한 퀴즈를 예시로 이러한 퀴즈들이 생태전환교육 관련해 어떤 수업들로 이어질 수 있는지를 살펴보고자 한다. 먼저 첫 번째 퀴즈를 다시 한번 보자.

> 에코백은 10회만 사용하여도 일회용 비닐봉지를 대체하는 효과가 있다.

정답은 ×다. 영국 환경청에 따르면 에코백 하나를 131회 이상 사용해야 일회용 비닐봉지를 대체하는 효과가 있다고 한다. 놀랍지 않은가? 일 년에 1/3을 써야 일회용 비닐봉지를 대체하는 효과가 나타난다니 적어도 일주일에 2~3회씩 한 해 이상을 사용해야 한다는 말이다.

면으로 만드는 에코백은 석유로 만드는 비닐봉지보다 만들기가 훨씬 어렵고 환경비용이 많이 들기 때문에 이런 결과가 나오는 것이다. 면의 원재료인 목화를 재배하기 위해서는 상당한 양의 토지와 에너지가 필요하다. 게다가 전 세계 농약과 살충제의 약 35%가 목화밭에 사용되고 있어서 목화 재배는 토지와 물을 오염시키고 생물다양성을 파괴하는 요인이 된다.

물론 에코백은 여러 번 사용이 가능하고 동물에 해가 되지 않는다는 순기능도 있다. 문제는 에코백의 소재인 면이 재배 과정에서 일으키는 환경 파괴다. 게다가 에코백이 모두 천연 면화로만 만들어지는 것이 아니라 합성 섬유와 혼방하거나 나일론으로 만드는 경우도 많아 분해 속도 역시 문제이다. 버려진 에코백은 판매가 되지 않아 재활용되지 않고 일반쓰레기로 분류되어 매립되거나 소각되기 때문이다.

가장 큰 문제는 에코백이 너무 많다는 것이다. 브랜드에서 예쁘고 독창적인 디자인으로 만들어 십만 원이 훌쩍 넘는 에코백부터 행사 기념품으로 나눠주는 에코백까지 에코백이 넘쳐난다. 집마다 여기저기서 받아 온 에코백이 서너 개 이상은 될 것이다. 그러다 보니 재사용을 위해 만들어진 에코백이 일회용 정도의 활용도가 되어 버렸다.

대처 방법은 두 가지다. 하나는 한 번 소유하게 된 에코백을 최대한 오래 여러 번 사용하는 것이다. 나머지 하나는 나에게 필요하지 않은 에코백은 거절하는 용기다. 상대방의 호의를 거절하기는 한국인의 정 문화에 익숙한 우리에게 어려운 일이지만 지구를 위하여 필요한 만큼만 오래오래 사용하는 생활 습관을 연습할 때이다. 비단 에코백뿐만이 아니라 친환경이란 이름으로 배포되는 텀블러, 컵 등 다양한 모든 물품이 마찬가지다.

에코백 퀴즈를 통하면 이처럼 친환경 제품으로 알려진 제품들의 이면, 환경오염의 과정, 대량생산이 환경에 미치는 영향, 각종 포장 가방의 수명 주기 비교를 표와 그래프로 나타내기 등의 형태로 다양하게 수업의 물꼬를 틀 수 있다.

곡물과 정의

두 번째 퀴즈 곡물 이야기로 들어가 보자.

> 전 세계 곡물 생산량의 1/3이 가축의 먹이로 사용된다.

정답은 ○다. 돼지고기 2kg을 생산하기 위해서는 8kg의 곡물이 필요하다고 한다. 소고기는 더 많은 곡물이 필요해서 같은 2kg을 생산하는 데 거의 2배인 14kg의 곡물이 필요하다. 소나 돼지 같은 가축의 사료로 곡물이 사용되고 있지만, 사료의 영양분이 가축의 살이 되는 것은 일부일 뿐이고 대부분은 가축이 살아 움직이는 데 드는 에너지로 소실된다. 소나 돼지 같은 큰 동물은 움직이지 않고 누워만 있어도 체온을 유지하기 위해 많은 에너지가 필요하다. 따라서 같은 양의 돼지고기보다 소고기를 얻는 데 에너지 소모량이 더 많이 들어가게 되고 필요 곡물의 양도 늘어난다. 이렇게 육류 생산을 위해서 전 세계 곡물 생산량의 1/3 이상이 사라지고 있다.

그렇다면 곡물 퀴즈로 어떤 수업을 끌어낼 수 있을까? 우선 직접적으로

과도한 육식이 초래하는 환경오염 문제를 논의할 수 있을 것이다. 이스라엘 연구소에 따르면 지구 포유동물 중 야생동물은 4%밖에 없으며 나머지 96%는 인간을 위한 가축이라고 한다. 동물생태계 파괴는 물론이고 이로 인해 부수적인 여러 가지 환경문제가 발생하고 있다. 사료 생산을 위해서는 숲을 베어 단일 작물 농경지를 만들어야 한다. 사료를 효율적으로 수확하기 위해 비료 농약을 만들어 뿌리고 농기계를 돌리면서 석유와 같은 화석연료가 소비된다. 가축의 트림으로 메탄가스도 방출된다. 가축의 배설물은 물과 토지의 큰 오염원이다. 사료용 곡물 재배까지 포함하여 육식을 위해 배출되는 온실가스가 전 세계 온실가스의 약 20%를 차지한다니 육식이 지구 온난화에 미치는 영향이 실로 엄청나다.

위의 곡물 퀴즈를 이용하여 인권과 동물권 같은 정의의 문제를 수업으로 다룰 수도 있다. 선진국의 육류 소비를 위해 가축들이 지구 곡물의 1/3을 배불리 먹고 있을 때, 지구 한편에서는 굶주려 죽어가고 있는 어린이와 노약자들이 있다. 유엔개발계획에 따르면, 2021년 기준 전 세계 극빈곤층은 13억 명이라고 한다. 같은 양의 옥수수나 콩으로 10명분의 식량을 마련할 수 있다면, 이를 가축의 사료로 사용할 땐 겨우 1~2명분의 고기밖에 얻을 수 없다. 국제식량정책연구소는 선진국들이 육류 소비를 절반만 줄여도 개발도상국 360만 명 어린이를 굶주림의 늪에서 탈출시킬 수 있다고 한다. 동물권 입장에서도 축산업에서 발생하는 동물복지 문제를 수업에서 다룰 수 있다. 동물복지 차원에서 가장 취약한 동물이 축산업 농장 동물들이다. 저비용 효율화를 위한 공장식 축산, 마취 없는 거세, 비인도적 도축 등 동물권과 관련된 논의, 인권과 동물권의 공존 가능성도 수업 주제가 된다.

이 외에도 채식의 필요성에 대한 논의, 고기를 주식으로 하는 서양과 달리 고기 섭취가 많지 않은 우리 동양인도 채식 교육이 필요한가에 대한 고민, 영양소를 골고루 갖춘 비건 식단 만들기, 만든 식단을 학교 급식과 가정에서 적용하기 등의 주제로 다양한 수업 활동이 이어질 수 있다.

비닐랩과 과학으로 접근하는 기후 대응

한정된 자원을 미래 세대를 위해 남겨두려면 자원 순환이 필요하다. 그래서 우리는 재활용 분리배출에 힘쓰고 있다. '분리수거'라는 용어가 귀에 익어 습관적으로 사용하는 경우가 많은데, 재활용품을 분리하여 내놓는 사람을 주체로 하면 '분리배출'이 맞는 표현이다. 수거는 배출한 재활용품을 걷어가는 입장에서 사용하는 단어이기 때문이다. 이제 분리배출에 관한 퀴즈 문제의 답을 살펴보자.

> 배달 음식 그릇을 덮은 랩은 비닐류로 배출한다.

정답은 ×다. 가정에서 비닐류로 배출하는 경우가 많은데 옳은 배출 방법이 아니다. 우선 자장면 등 음식이 묻은 랩은 오염이 되어 재활용되지 않으므로 일반쓰레기로 분류해야 한다. 깨끗한 랩이면 비닐류로 배출하는 것도 괜찮지 않겠냐고 생각하기 쉬운데 그렇지 않다. 비닐랩의 재질 때문이다. 잘 늘어나고 그릇에 착 달라붙는 업소용 랩은 대부분 PVC 재질이다. 분리배출된 비닐은 재질 구분 없이 한꺼번에 태워서 재활용한다. 하지만 PVC에는 염소가 많이 함유되어 태우면 염화수소 가스가 발생한다. 염화수소 가스는 물에 녹이면 염산이 되는 유독 가스로 부식성이 아주 강하며 비싼 기계를 망가뜨리고 재생 원료로 만든 플라스틱 제품에 기포를 발생시켜 제품 품질을 떨어뜨린다. 따라서 랩을 비닐류에 배출하면 다른 비닐의 재활용을 방해한다.

랩의 분리배출에 관한 설명을 읽으면서 어떤 생각이 들었는가? 아마도 분리배출은 과학이라는 깨달음이 있었을 것이다. 초등학교에서 올바른 분리배출을 생활 습관 교육으로 시행했다면, 중학교와 고등학교에서는 분리배출된 비닐, 종이, 플라스틱의 재활용 과정을 살펴보고 관련 과학적 탐구를 교육내용으로 삼을 수 있다. 학생들은 자신의 흥미에 따라 쓰레기 재활용 과정에서 일어나는 화학적 변화를 탐구하고 친환경 제품을 고안하거나 새로운 재활용 방법을 고안해내기도 할 것이다.

분리배출에 관한 과학적 탐구를 확장하여 기후 대응의 과학적 방법을 수업내용으로 삼는 것도 가능하다. 새로운 첨단 과학기술로서 기후공학(Climate engineering)이나 지구공학(Geoengineering)이 논의된다. 두 학문은 혼용되어 지칭되기도 하는데, 기후공학은 기후를 인위적으로 조절하거나 통제하기 위한 공학이라는 뜻이며, 지구공학은 지구 단위에서 지구 온난화 문제를 직접적으로 해결하는 방안 창출을 목적으로 하는 공학이다.

지구공학 기술은 태양에너지 일부를 반사하여 지구로 오는 열을 차단하는 기술과 이산화탄소를 대량 포집하는 인공나무 개발과 같은 이산화탄소 제거 기술로 크게 나눌 수 있다. 이렇게 인공적 기술로 기후변화를 막는 방법들은 생태계에 미치는 영향을 속속들이 알 수 없다는 점에서 논란의 대상이 되기도 한다. 2021년 4월 스웨덴우주국은 성층권에 에어로졸을 분사하여 햇빛을 차단하는 시도를 하다가 환경단체가 거세게 반대하여 결국 취소한 바 있다. 수업에서는 지구 온난화를 막는 과학기술을 소개하거나 과학기술로 지구 온난화를 해결할 수 있는지 아닌지에 대한 논란을 공유하고 토론을 통해 논의할 수 있다. 지구공학 기술의 과학적 원리를 배우는 교과와 연계하여 학습하는 것도 좋은 방안이다. 또한 진로 영역에서는 지구공학 기술자 등 기후변화에 대응하여 새롭게 대두되는 직업들에 관해 탐구해볼 수도 있다.

전기차와 에너지에 관한 생각들

전기차가 친환경 운송 수단으로 주목받고 있다. 하이브리드카에서 전기차 시대로 친환경 차의 세대 변환이 일어나고 있다. 한국자동차산업협회에 따르면 세계 시장에서 전기차 판매량이 2020년 처음으로 200만 대를 넘어섰고, 2021년에는 2배가 넘는 473만대로 급증했다. 전기차에 관한 앞의 퀴즈를 다시 한번 살펴보자.

> 모든 사람이 전기차만 탄다면 차로 인한 온실가스는 배출되지 않는다.

정답은 ×다. 가솔린과 디젤 같은 석유를 태워 움직이는 내연기관 자동차는 연료가 연소하는 과정에서 발생한 부산물이 배기가스로 배출되지만, 전기차는 에너지를 낼 때 부산물이 전혀 나오지 않고 그 이유로 배기가스 배출구조차 없다. 따라서 전기차는 주행 중 온실가스를 배출하지 않는다. 문제는 전기차를 충전하는 전기를 화석연료로 만드는 경우가 많다는 것이다. 화석연료로 만든 전기를 사용하는 전기차는 내연기관 자동차보다 약

53.3% 적게 온실가스를 배출하지만, 여전히 탄소중립에 큰 도움을 주지 못한다. 전기차에 공급되는 전기를 바이오에너지로 전환해야만 그 효과를 볼 수 있다.

환경단체가 가장 문제로 삼는 것은 전기차의 배터리를 생산하고 폐기하는 과정에서 발생하는 환경오염이다. 전기차의 성능은 충분한 거리를 달릴 수 있도록 전기를 자동차에 저장하는 배터리 성능에 달려 있다. 그런데 배터리를 만드는 원료가 문제를 일으킨다. 전기차 필수품인 리튬이온 배터리는 리튬과 코발트 등 희토류(rare earth elements)로 만들어지는데, 이를 채굴하는 과정에서 산림 훼손은 물론이고 유해 부산물이 발생하며 제련하면서 황산화물 등의 환경오염 물질이 나온다. 전기자동차의 쓰레기인 폐배터리도 유독물질을 함유하고 있어 심각한 환경오염을 유발할 수 있다. 따라서 앞으로 폐배터리 재활용 기술의 상용화가 요구된다.

테슬라로 브랜드로 떠오르고 있는 전기차에 관해서는 중고등학생도 상당히 관심 있어 한다. 그래서 위의 퀴즈에 대한 답을 설명하면서 다양한 수업 방향으로 나아갈 수 있다. 전기차를 소재로 시작하여 에너지가 환경에 미치는 영향, 전기차와 수소차의 비교, 친환경 에너지의 종류, 기업에서 사용하는 에너지 100%를 재생에너지로 대체하자는 RE 100 프로젝트에 대한 논의 등 다양한 수업 주제가 제시될 수 있다.

의류산업과 유행, 그리고 환경

중고등학생들은 패션에 대한 관심이 많다. 그들의 관심을 의류산업으로 돌려보는 것도 교육적인 의미가 있을 것이다. 마지막 다섯 번째 퀴즈를 살펴보자.

의류산업이 배출하는 탄소량이 선박 운항으로 인한 탄소 배출량보다 많다.

정답은 ○다. 프랑스 자연환경연합의 조사에 의하면, 의류산업이 배출하는 탄소량이 항공기와 선박 운항으로 인하여 배출되는 탄소량을 합친 것보다 많다고 한다. 조사 시기에 따라 의류산업 탄소 배출량 순위가 달라지기는 하지만, 의류산업이 기후변화와 지구 온난화에 미치는 영향이 크다는 것은 확실하다. 의류산업의 온실가스 배출량은 전 세계 배출량의 6~10%를 차지하며, 물 소비의 20%가 의류산업으로 인한 것이므로 두 번째로 물 사용량이 많은 산업이다. 또한 에코백에서 살펴보았듯이 의류 재질인 면을 생산하기 위해 많은 살충제와 농약이 사용되고 있으며, 플라스틱 소재 합성 섬유는 세탁하면서 미세플라스틱을 발생시키는 문제점이 있다. 옷으로 인해 발생하는 미세플라스틱은 전체 양의 35%나 된다.

패스트 패션(fast fashion) 풍조는 의류산업으로 인한 환경오염을 가중한다. 유행에 따라 저렴한 가격으로 빠르게 유통되는 패스트 패션으로 인해 한 번 입고 버리는 옷까지 생겨 많은 의류가 버려지는 데 한몫한다. 필요가 아닌 욕구 때문에 생산되고 폐기되는 의류로 인해 인간은 필요 이상의 지구자원을 낭비하고 환경을 오염시킨다. 중고의류로 재활용되는 비율도 극히 낮을뿐더러 패스트 패션산업의 이익 증대를 위해 개발도상국에서는 열악한 환경에서 장시간 저렴한 임금으로 노동력이 제공되고 있다는 점도 생각할 문제이다.

의류산업 퀴즈로부터 출발하는 수업은 이처럼 의류산업과 환경오염의 직접적 관계뿐만 아니라 ESG 경영까지 확대될 수 있다. 지구를 지키는 소비자의 역할로서 소비자 의사결정과 가치소비에 대해 논의하는 것도 가능하다. 유행의 생성과 소멸 과정을 살피고 자본주의 경제 체제에서 유행이 가지는 의미와 지구에 미치는 영향에 관심을 둘 수도 있다. 필요한 만큼만 소유하고 소비하자는 뜻에서 미니멀리즘과 미니멀라이프 방식을 살펴보는 논의과정도 수업 안으로 들여오는 것이 가능하다.

교과 연계 생태전환교육

교과별 생태전환교육

앞의 글 '퀴즈에서 출발하는 수업'에서 살펴보았듯이 생태전환교육은 다양한 주제와 소재의 교육으로 이루어질 수 있다. 이제 여기서는 본격적으로 우리 학교의 각 교과에서 이루어진 생태전환교육에 대해 소개하고자 한다. 생태전환교육 연구학교 첫해, 우리 학교는 모든 교과, 모든 선생님이 교과 교육에 생태전환교육을 넣기로 하였다. 모든 교사가 다양한 아이디어로 성취기준에 맞추어 생태전환교육을 실시했다. 제시한 교과별 생태전환교육 아이디어가 이 글을 읽는 독자들에게도 영감을 줄 수 있으리라 생각한다.

국어

국어과는 독서와 글쓰기 과정을 통해 생태전환교육과 연계한 수업 사례가 많았다. 대표적인 수업은 생태전환과 관련된 도서를 읽고 카드 뉴스를 제작한 사례였다. 10대를 위한 환경이나 생태 관련 도서들이 꽤 많이 서

주제	생태전환과 관련된 도서를 읽고 카드 뉴스 제작하기				
단원	2. 읽고 쓰는 즐거움		대상	2학년	총 차시	2차시
성취 기준	[9국02-10] 읽기의 가치와 중요성을 깨닫고 읽기를 생활화하는 태도를 지닌다. [9국03-08] 영상이나 인터넷 등의 매체 특성을 고려하여 생각이나 느낌, 경험을 표현한다.				

	차시	교수 학습 내용	평가/관찰자료
수업 활동 내용	1	• 생태전환의 필요성 인식하기: 환경문제의 심각성 깨닫기- 영상 시청하기, 자신의 생활 되돌아보기, 생태전환의 필요성 생각해보기 • <환경과 생태 쫌 아는 10대>를 읽고 생태전환 카드 뉴스 제작하기 - 책 읽고 탐구 주제 정하기, 주제와 관련된 자료 조사하기 - 카드 뉴스 제작 계획서 작성하기, 카드 뉴스 제작하기	활동지 동영상 책 PC
	2	• 패들렛에 카드 뉴스 게시·발표 후 동료 평가 및 마무리	제작물
성과 및 제언	• 생태전환과 관련된 다양한 주제에 대해 매체 특성을 고려하여 생태전환의 필요성과 방법을 제시하고 매체로 표현하며 생태전환의 필요성을 깨닫게 됨. • 책에 나와 있는 생태 주제가 8개 정도로 한정적이어서 더 다양한 주제를 보완할 필요가 있음.		

'컵라면에서 플랜테이션까지' 카드 뉴스

<학생작품>

점에 나와 있는 상황이기에 교사는 이들 중 수업 성취기준에 적절한 도서를 선정하였다. 학생들은 책을 읽고 탐구 주제를 정한 후 관련 자료를 수집하였다. 카드 뉴스 제작 계획서를 작성 후 카드 뉴스를 제작하여 패들렛에 게시, 발표하고 친구들의 작품에 대해 상호평가를 실행하였다. '컵라면이 숲을 죽인다고?'라는 표제어의 카드 뉴스처럼 일상의 생활이 어떻게 생태와 연관되는지를 학생들이 직접 탐구하는 활동이었다. 수업 활동은 '작가와의 대화'로 이어져 저자의 강의를 직접 듣고 토론하는 시간도 가졌다.

또 다른 수업으로 '고래', '바다', '환경보호'와 관련된 협동 시를 쓰고 낭독하기 활동이 있었다. 상징의 개념을 학습하면서 도덕과에서 학습한 멸종위기에 처한 고래의 상황을 탐구하며 느낀 정서를 시로 표현하였다. 우수 작품에는 '고래 팔찌'가 시상되었는데, 고래 팔찌 수익금의 10%는 멸종위기 동물을 돕는 세계자연기금에 기부된다. 이 외에도 생태 관련 내용을 연극 대본 스토리보드로 만들기도 하고, 인상 깊게 읽은 문학작품에서 생태전환 이슈를 발견하여 독서신문으로 제작하였으며, 자연의 아름다움을 살펴

학생 협동시 발표 자료

자신의 생태감수성을 시로 표현하는 활동 등이 진행되었다.

사회

사회과에는 직접적으로 생태전환교육과 연관된 성취기준들이 많이 있다. '지구촌의 주요 환경문제를 조사하여 해결방안을 탐색하고, 환경문제 해결에 협력하는 세계시민의식을 기른다.', '지속가능한 미래를 건설하기 위한 과제(친환경적 생산방식과 소비방식의 확산, 빈곤과 기아 퇴치, 문화적 편견과 차별 해소 등)를 조

주제	전 지구적 환경문제 해결 촉구 영상 제작하기					
단원	10. 환경문제와 지속가능한 환경		대상	3학년	총 차시	3차시
성취 기준	[9사(지리)10-3] 생활 속의 환경 이슈를 둘러싼 다양한 의견을 비교하고, 환경 이슈에 대한 자신의 의견을 제시한다.					

	차시	교수 학습 내용	평가/관찰자료
수업 활동 내용	1	• 교과서에서 전 지구적 환경문제 주제 5가지를 추출함 - 기후변화, 기후변화를 위한 국제적 노력, 전자 쓰레기 문제, 미세먼지, 유전자 변형 농산물 • 모둠을 나누고 모둠별 탐구 주제를 정함 • 각자 과제와 역할을 분담함	교과서
	2	• 멀티미디어실에서 모둠별로 모여 자료를 조사함 • 환경문제의 심각성을 알리고, 해결을 촉구하는 영상을 제작하기 위해 모둠원끼리 주제에 대해 토의하며 탐구함	과정중심 평가
	3	• 모둠별로 만든 영상을 함께 시청하며 소감을 나눔 - 환경문제보고서 모둠별 영상	영상, 구글 설문지

성과 및
제언
		• 주제별 협동 학습을 통해 환경문제에 관해 심층적으로 조사할 수 있는 계기가 됨. 직접
		  설명을 녹음하고 영상을 제작하는 활동을 하며 경험의 폭을 넓히고 역량을 높이는 기회가
		  됨.
		• 완성된 영상을 다른 반에서도 함께 시청하며 최우수작을 직접 뽑아보는 활동을 해도
		  좋겠다고 생각함. 다수의 학생들은 모둠 활동이 흥미롭고 재미있었지만, 모둠 활동에
		  어려움을 느끼는 소수의 학생들에게는 힘든 시간이었기에 개인 활동 과제를 따로 부여하는
		  것이 좋을 듯함.	

사하고 세계 시민으로서 이에 적극 참여하는 방안을 모색한다.', '자원 분포의 편재성과 자원 소비량의 지역적 차이를 파악하고, 이로 인해 발생하는 국가 간 경쟁과 갈등을 조사한다.', '생활 속의 환경 이슈를 둘러싼 다양한 의견을 비교하고, 환경 이슈에 대한 자신의 의견을 제시한다.' 등이 모두 이에 해당하는 성취기준들이다. 따라서 어느 교과보다 생태전환교육을 반영하기 쉬운 교과에 해당한다.

우리 학교에서는 생활 속 환경 이슈를 동영상으로 만드는 수업이 진행되었다. 미세먼지, 기후변화, 자원 고갈, 플라스틱, GMO, 지구 온난화, 전자 쓰레기 등의 주제에 대한 심각성을 깨닫고 개선하는 방안을 토의하며 동영상으로 제작하였다. 환경문제의 심각성을 알리고 해결을 촉구하는 영상을 제작하기 위해 모둠원끼리 주제에 대해 토의하며 탐구하는 활동이 수업 중에 이루어졌다. 또 다른 수업에서는 자원의 편재성으로 인해 물 부족을

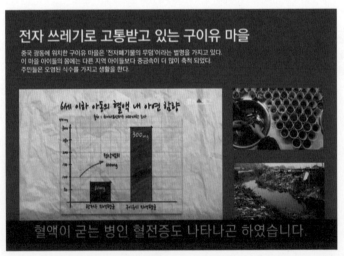

전자 쓰레기 관련 학생 제작 영상

겪는 나라들의 사례를 영상 시청을 통해 알아보고, 현재의 물 소비 습관을 비롯한 소비 습관의 변화에 대해 모색하기도 하였다.

역사

역사 수업에서는 기후변화의 역사적 원인을 찾을 수 있다. 우리 학교에서는 산업혁명 결과 발생한 도시문제에 주목하였다. 동영상을 보며 스모그 사건과 같은 대기오염, 교통 혼잡과 주택 부족 등의 도시문제, 빈민가의 위생 문제 등을 학생 스스로 생각해보는 시간을 가졌다. 그리고 이를 해결할 수 있는 자기 생각이 담긴 표어를 정해서 상징적 그림과 함께 멋지게 꾸며보는 프로젝트 학습을 하였다. 그 외 색다른 주제 수업으로는 조선 시

주제	조선 시대 각 지역의 음식 문화를 살펴보고 친환경 음식 소개하기				
단원	IV. 조선의 성립과 발전 1. 통치체제와 대외관계, 3. 문화의 발달과 사회변화	**대상**	3학년	**총 차시**	2차시
성취 기준	[9역10-03] 조선 전기 문화 사업을 조사하여 조선 정부가 유교 문화를 보급하려고 한 배경과 노력을 이해한다.				

	차시	교수 학습 내용	평가/관찰자료
수업 활동 내용	1	• 조선의 8개의 지방행정제도의 지역 위치와 특색 설명 • 각 지역의 친환경 음식 제시와 의미 설명 • 채식 음식 조사 지역을 각자 나누어 분담 • 기자재(핸드폰과 컴퓨터)를 이용해 자신이 선택한 지역의 조선 시대 친환경 음식 검색하여 조사해서 학습지 작성하기	자료조사과정 관찰과 학습지 작성
	2	• 학습지에 작성한 조사 내용을 바탕으로 자신의 조선 시대 친환경 채식 음식을 카드에 작성해보기 • 대표적 조선 시대 친환경 음식 카드 우수작 소개하기	학생들이 작성한 채식 음식 카드
성과 및 제언	• 조선 시대 각 지역 채식음식을 통해 지역 특성을 더 잘 알게 되고, 역사적인 우리 고유 친환경 먹거리에 대해 학생들이 관심을 높일 수 있게 되었다는 점. • 음식 외에 우리 선조들의 친환경 활동을 더 조사해보면 좋을 것 같음.		

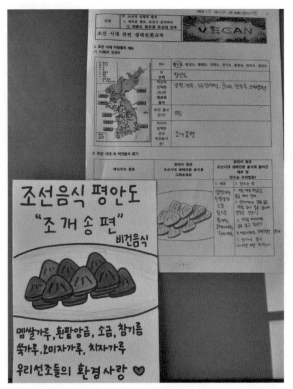

조선 친환경 음식 카드
<학생작품>

대 각 지역의 음식 문화를 살펴보고 친환경 음식을 소개하는 시간이 있었
다. 조선 8개 지방행정제도의 지역 위치와 특색을 살펴보고 각 지역 특색
을 반영한 친환경 음식을 조사하여 친환경 채식 음식 카드를 만들었다. 아
이들의 관심사인 먹거리를 역사, 지리와 연계하며 생태전환교육을 한 사례
이다.

도덕

도덕 교과에도 세계시민 윤리의식 함양과 생태지속가능성의 관점에서 환경친화적인 실천 기술을 익히는 성취기준이 있다. 이에 우리 학교에서는 앞에서 소개한 국어과 고래 수업과 주제 연결을 통해 멸종위기종인 고래의 생태 위기 현황에 대한 자료를 조사하고 발표하는 등 다양한 밴드 커뮤니티를 운영하였다. 수업 시간에 제작한 작품, 수업 시간에 배운 환경 주제를 일상에 적용한 사례 등을 학생들이 네이버 밴드에 사진으로 올리고 서로의 감상을 간단히 공유하는 활동들이다. 이는 담당 교사의 지속적인 피드백으로 더욱 활성화될 수 있었다. 밴드에 공유된 수업 활동들은 다음과 같다.

주제	우리 주변의 다양한 공간을 친환경적으로 재구성하기				
단원	III. 1. (2) 환경에 관한 가치관과 소비생활		대상	2학년	총 차시	2차시
성취 기준	[9도04-01] 인간과 자연의 조화를 통한 삶의 중요성과 환경보호의 필요성을 다각적으로 이해하고, 생태지속가능성의 관점에서 소비 생활과 환경에 대한 가치관을 평가해보며, 환경친화적인 실천기술을 익힐 수 있다.				

	차시	교수 학습 내용	평가/관찰자료
수업 활동 내용	1	• 환경친화적 삶의 필요성을 생각하기: 분리배출 ox 퀴즈 • 우리 주변의 공간들을 좀 더 친환경적으로 변형하기 [모둠활동] - 친환경 음식점, 친환경 주방, 친환경 욕실, 친환경 학교, 친환경 카페 등 다양한 공간에서 환경보호를 위해 할 수 있는 개인적, 제도적 노력에 대해 생각하기	활동지, 색연필, 핸드폰
	2	• 내가 할 수 있는 일: 제로웨이스트 활동 소개하기 - 제로웨이스트의 의미와 실제로 우리가 할 수 있는 일에 대해 논의해보고 실천 의지 다지기 • 제로웨이스트 활동 소개하기, <용기내 챌린지>에 참여하고 인증하기	동영상
성과 및 제언		• 자신이 사용하는 플라스틱의 양을 돌아보고, 반성하는 도덕적 성찰을 하게 됨. <용기내> 챌린지를 통해 직접 다회용기를 사용하는 경험을 함. • 무분별한 일회용품 사용, 잦은 육식, 기후변화 등이 거시적 관점에서 연결되어 있음을 느끼는 것이 중요함.	

재구성된 친환경 음식점

<학생작품>

　　환경친화적 삶의 필요성을 생각하며 분리배출에 관한 ○×퀴즈로 수업
을 시작한 후 우리 주변의 공간들을 좀 더 친환경적으로 변형하는 모둠 활
동을 진행했다. 친환경 음식점, 친환경 카페, 친환경 욕실, 친환경 주방, 친
환경 학교 등 다양한 공간에서 환경보호를 위해 할 수 있는 개인적 노력은
무엇이 있고, 더 나아가 제도적 변화로는 무엇이 필요한지 생각해보는 기회
가 되었다. 그리고 제로웨이스트 활동에 관해서 탐구해본 후, 자신이 사용
하는 플라스틱의 양을 돌아보고, 반성하는 도덕적 성찰이 이어졌다. 이를
행동으로 옮기는 활동으로서 직접 다회용기를 상점에서 사용해보는 '용기
내 챌린지'로 수업 마무리를 하였다. '용기내'의 용기는 다회용기(container)라
는 의미와 함께 일상생활에서 다회용기 사용을 실천하는 용기(courage)라는
이중적인 의미를 담고 있다.

언뜻 생태전환교육과 연계하기 어려운 과목으로 느껴지는 수학과에서 진행된 수업들에서는 더더욱 선생님들의 번뜩이는 아이디어들을 느낄 수 있다. 자연환경에서 정비례와 반비례를 찾아보고 그래프로 나타내는 활동은 일차함수 단원에서 실시된 수업이다. 주변의 자연환경을 주의 깊게 살펴보고 나무의 수가 늘어날수록 줄어드는 온실가스의 모습을 교내에 떨어진 나뭇가지와 나뭇잎으로 표현하였다. 또한 가정에서 사용하고 있는 가전제품의 에너지 소비 효율 등급을 조사하여 전기요금을 계산해보는 활동도 있었다. 함수식 및 그래프로 표현하여 전기요금을 비교해보고, 어떤 제품을 사용하는 것이 효율적인지, 전기요금을 줄일 수 있는 실천 방법은 무엇인지에 관한 토론 활동도 이어졌다.

기후위기 대응을 주제로 그림 또는 단어를 좌표평면에 나타내는 활동도

주제	기후위기 대응을 주제로 한 그림 또는 단어를 좌표평면에 나타내기				
단원	III. 1. 좌표평면과 그래프		대상	1학년	**총 차시** 2차시
성취 기준	[9수03-01] 순서쌍과 좌표를 이해하고 좌표평면에 있는 점의 X좌표와 Y좌표를 말할 수 있다.				
수업 활동 내용	차시	교수 학습 내용			평가/관찰자료
	1	• 기후위기에 대한 심각성을 인식하고 실천 방안 생각하기 • 기후위기를 그림 또는 단어로 나타내기			활동지
	2	• 그림 또는 단어에서 대응점을 찾아 순서쌍으로 나타내기 • 그림과 단어를 선택하여 좌표평면에 나타낸 이유를 발표하기			활동지
성과 및 제언	• 기후위기의 심각성을 인식하고 환경의 중요성과 보존의 필요성을 느끼며, 기후를 위해 우리가 할 수 있는 작은 일은 무엇이 있는지 생각해보는 시간을 가짐. • 수학과 일상의 삶을 연결하여 수학학습의 동기부여가 되도록 지도하기.				

수학 수업이었다. 순서쌍과 좌표를 이해하는 수업에서 그림 또는 단어의 대응점을 찾아 순서쌍으로 나타내고 그 이유를 발표하였다. 통계 수업에서는 생태전환교육과 관련된 자료를 수집하고 정리하여 도수분포표, 히스토

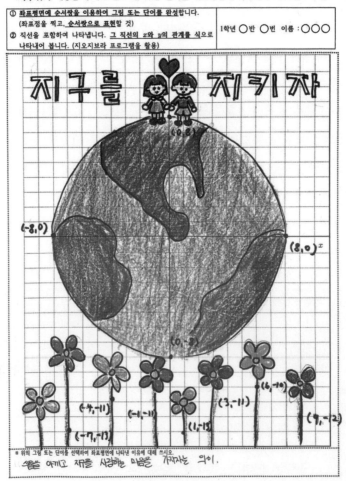

좌표평면 그래프
<학생작품>

그램, 도수분포다각형으로 나타냈다. 그리고 수집 정리한 자료를 통계 포스터에 반영한 후 완성된 포스터를 발표하였다. 학생들은 반 학생들의 생태시민 실천 정도라든지, 학생들이 키우는 식물의 개수 등을 주제로 발표 활동을 진행했다.

과학

과학 과목은 사회, 도덕과 마찬가지로 생태전환교육과 직접적으로 관계된 과목이다. 지구 온난화 관련 수업은 기후변화와 관련된 가로세로 낱말 퀴즈를 통해 환경과 관련된 개념들을 떠올리는 활동으로 시작했다. 복사평형, 온실효과 등의 용어를 이해하고 지구 온난화의 원인을 살펴보았다. 북극곰 젠가라는 기후위기 관련 교육용 젠가를 사용하여 게임을 하면서 지구 온난화를 막기 위한 실천 방안을 생각하고, 과제로 실천 인증사진 제

친환경 냉각장치 만드는 과정

출이 이어졌다. 배설기관 수업에서는 노폐물이 배설되는 과정을 학습하고, 간이 정수기 키트를 이용해서 모둠별로 오염된 물을 정화할 수 있는 간이 정수기를 만들었다. 또한 화학 에너지 단원에서는 화학반응이 일어날 때 에너지가 출입한다는 것을 학습하고 이를 활용한 친환경 냉각 장치를 만들었다. 더운 날 에어컨이나 선풍기를 트는 것처럼 전기에너지를 소모하지 않고서도 친환경 냉각 장치처럼 에너지 출입을 활용한 화학반응을 일으켜 시원하게 할 수 있음을 깨닫는 수업이었다.

주제	에너지 출입을 이용한 친환경 냉각 장치 만들기				
단원	I. 3. 화학반응에서의 에너지 출입	대상	3학년	총 차시	1차시
성취 기준	[9과17-06] 화학반응에서 에너지의 출입을 이해하고, 이를 활용한 장치를 설계할 수 있다.				

	차시	교수 학습 내용	평가/관찰자료
수업 활동 내용	1	**〈도입〉** • 동기유발 질문 - 무더운 여름날 가게 앞에서 사장님이 물을 뿌리는 이유는 무엇일까? • 화학반응이 일어날 때 에너지가 출입함을 이야기하기 **〈전개〉** • 화학반응에서 에너지의 출입 확인 - 친환경 온열장치와 냉각장치를 만들어 보면서 온열장치는 따뜻해지고 냉각장치는 차가워짐을 확인하기 화학반응이 일어날 때 에너지를 방출하거나 흡수함을 이해하기 **〈정리〉** • 수업 주제와 생태전환의 의미 연결 짓기 - 더운 날 에어컨이나 선풍기를 트는 것처럼 전기에너지를 소모하지 않고서도 친환경 냉각장치처럼 에너지 출입을 활용한 화학반응을 일으켜 시원하게 할 수 있음을 깨닫게 하기 - 생활 속에서 자원을 소모하지 않고 생활을 더 풍요롭게 할 수 있는 방법들을 생각하기	학습지 정리 및 실험 수행
성과 및 제언		• 과학적 원리를 이용한 친환경적인 냉각장치를 만들어 봄으로써 우리가 배운 지식을 실제 삶에 적용하여, 우리의 삶을 윤택하게 하는 여러 방법 중 친환경적인 방식을 선택할 수 있도록 하는 하나의 사례가 되었음.	

기술·가정

기술·가정은 실생활과 직접 연결된 과목이라는 점에서 생태전환교육과 접점을 갖는다. 의복의 재활용 단원에서 우리 학교는 폐현수막을 이용한 생활소품 만들기를 하였다. 행사에 사용하는 현수막은 일회용이 되지 않도록 입학식, 졸업식 등의 연도를 적지 않고 제작하여 재사용하고 있지만, 어쩔 수 없이 재사용이 불가능한 행사 현수막도 생긴다. 이런 현수막을 리폼하여 생활소품으로 만드는 활동을 기술·가정 시간에 진행했다. 기초바느질 방법인 박음질을 학습 후 현수막을 활용하여 작은 스트링 파우치를 제

주제	채식의 필요성 탐색 및 채식 체험해보기				
단원	II. 가정생활과 안전 1. 식사계획과 식단 작성		대상	3학년	총 차시	3차시
성취 기준	[9기가02-10] 가족의 건강과 환경을 고려한 식품 선택의 중요성을 이해하고 식품을 안전하게 관리하고 보관하는 방법을 탐색하여 실생활에 활용한다. [9기가02-11] 가족 구성원의 요구, 영양적 균형을 고려한 한끼 식사를 계획하고 위생과 안전을 고려하여 조리한 후 평가한다.				

	차시	교수 학습 내용	평가/관찰자료
수업 활동 내용	1	• 과도한 육류 섭취로 인한 문제점 및 채식의 필요성 인식 • 채식의 종류 탐색해보기 및 다양한 채식 음식 찾아보기	활동지
	2	• '내가 그린 채식 식단' 활동 - 페스코 베지테리언 기준으로 학교 구성원의 요구, 영양, 예산을 고려한 우리 학교 식단을 글과 그림으로 표현 - 우수 식단 7~12월 학교 급식에 한 달에 한 번 반영	활동지
	3	• 달걀, 버터, 우유를 사용하지 않은 비건 머핀 만들기 • 시식 후 채식에 대한 소감 나눔	실습 결과물
성과 및 제언	• 배운 내용을 학교에서 실제 적용할 수 있어서 보다 실천적인 수업이 되었으며, 실습을 통해서 직접 만든 비건 식품을 체험하여 학생들이 채식에 대한 거부감을 조금씩 줄이고 도전해볼 수 있는 계기가 됨. • '내가 그린 채식 식단'의 의미를 3학년뿐 아니라 전교생에게 확산시킬 수 있는 방안이 필요함. (학생회를 통한 전교생 활동으로 확산 방향 모색)		

작하고 친환경의 의미를 되새기며 친환경 관련 문구, 그림 등을 그려 넣어 파우치를 꾸몄다. 식사계획과 식단 작성 수업에서는 채식의 필요성을 탐색하고 페스코 베지테리언 식단(육고기 없는 식단)을 작성하여 학교 식단에 반영했다. 가사 실습은 비건 머핀 만들기 활동으로 진행되었다. 또한 발명 수업에서는 폐품을 활용한 발명품 업사이클링을 하고 활용법 프리젠테이션도 진행되었다.

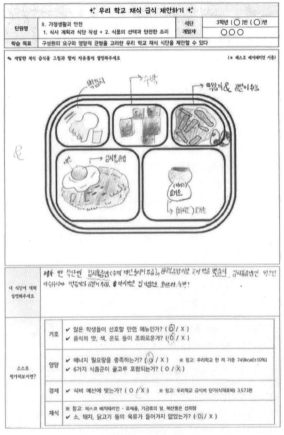

채식 급식 제안하기 활동지

체육

체육과는 건강 증진을 위한 신체활동으로 지구와 나를 구하는 체력 회복 프로젝트 플로깅을 실시했다. 플로깅(Plogging)은 줍는다는 뜻의 스웨덴어 plocka upp과 영어 jogging의 합성어로 조깅 체육 활동과 쓰레기를 줍는 자연보호 활동이 합쳐진 신조어다. 우리나라에서는 줍깅이라고도 한다. 플로깅의 의미와 유래를 소개하고 운동으로서 플로깅의 자세를 학습한 후 운동장과 학교 화단 등을 구석구석 돌아다니며 실천 활동을 벌였다. 이 외에도 체육 수업 시간에 자전거 발전기를 사용한 빙수 만들기, 비눗방

주제	지구와 나를 구하는 체력 회복 프로젝트(플로깅)					
단원	I. 1. 건강과 생활 환경의 관계		대상	1·2학년	총 차시	3차시
성취 기준	[9체01-01] 건강과 신체활동(신체 자세, 규칙적인 운동 등)의 관계를 이해하고, 건강 증진을 위한 신체활동을 계획적으로 실천한다.					

	차시	교수 학습 내용	평가/관찰자료
수업 활동 내용	1	• 다양한 체력 회복 프로젝트 소개 • 체력 UP : 건강 체력의 진단과 처방 • 활력 UP : 플로깅(plogging) 운영 • 면역력 UP : 질병을 예방한 건강 교육	형성평가를 통한 이해도 확인
	2	• 전일중 "활력 UP : 플로깅(plogging) 운영" 안내 • 플로깅의 의미와 유래 소개 • 플로카 웁(쓰레기 줍기)과 조깅(jogging)의 효과 • 플로깅 보강훈련	활동지
	3	• 플로깅의 올바른 방법 이해 • 플로깅의 실천 및 중요성 인식 • 플로깅 참여 소감 공유하기	실습 결과물
성과 및 제언	• 건강과 신체활동, 환경과의 관계를 이해하고, 중요성을 인식하였으며 건강 증진을 위한 신체활동을 계획적으로 실천할 수 있음. • 나를 구하는 '조깅'과 지구를 구하는 '플로카 웁'을 이해하고, 실천할 수 있는 계기를 마련함. • 수업 시간에 학습한 내용을 생활 속에 적용하였으며 생태교육 및 운동 실천 방법을 활성화하여 건강한 성장 기회를 제공함.		

울 만들기 활동도 가능하며, 지구 온난화가 스포츠 산업에 미치는 영향에 관한 토론, 기후변화에 대응하는 뉴스포츠 창안하기 등도 체육 관련 생태 전환교육으로 활용할 수 있다.

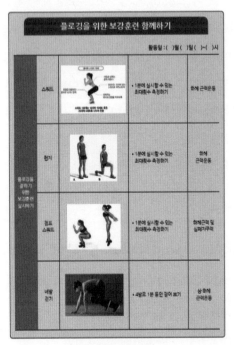

플로깅 보강훈련 활동지
(서울시교육청 자료집에서 발췌)

미술

미술과는 표현활동으로 다양한 생태전환교육 활동이 가능하며 이는 자체적으로도, 그리고 타 교과와 융합으로도 그 활동을 할 수 있다. 우리 학교에서는 생태전환을 주제로 컷아웃 애니메이션을 제작하였다. **컷아웃 애니메이션은 배경 종이판 위에 물체나 사람 등의 종이 형상을 두고 프레임**

주제	생태전환을 주제로 컷아웃 애니메이션 제작하기				
단원	15. 야, 만화와 애니메이션이다!	대상	1학년	총 차시	2차시
성취 기준	[9미01-01] 자신과 주변 대상, 환경, 현상의 관계를 탐색하여 나타낼 수 있다. [9미02-06] 주제와 의도에 적합한 표현 매체를 선택하여 활용할 수 있다.				

	차시	교수 학습 내용	평가/관찰자료

수업
활동
내용
	1	• 컷아웃 애니메이션 예시 감상
		• 애니메이션의 원리 및 제작 방법 이해하기
		• 생태전환과 관련된 자신만의 주제로 시놉시스 작성하기
		• 애니메이션 스토리보드 제작하기
		  - 애니메이션의 각 장면을 그림으로 나타내고 카메라 방향,
		   효과음, 배경음악 등을 계획한다.
			시놉시스,
			스토리보드
			활동지

	2	• 애니메이션 제작하기
		  - 캐릭터와 배경을 제작한 후 사진 촬영, 영상편집 등을 하여
		   애니메이션을 완성한다.
		• 생태전환을 주제로 한 친구들의 애니메이션을 감상하기
			도화지,
			채색도구,
			카메라 거치대,
			핸드폰

성과 및 제언		• 시놉시스와 스토리보드 제작과정에서 생태에 대해 생각하며 이를 시각화하고 감상하는 과정을 통해 생태전환에 대한 인식을 높일 수 있었음. • 생태에 대한 연구를 심도 깊게 하는 교과와 융합수업으로 진행을 추천함.	

마다 찍어서 만드는 애니메이션 기법이다. 수업은 환경오염 및 생태계 파괴 관련 애니메이션을 감상하며 환경에 대한 경각심 갖기로 시작한다. 애니메이션의 원리와 제작 방법을 배우고 생태전환과 관련된 주제를 정하여 자신만의 시놉시스를 작성한다. 이를 기초로 스토리보드를 제작하고 30초~1분간의 생태관련 애니메이션을 제작한다. 완성된 작품은 동료 평가를 하면서 감상한다.

점묘화 단원에서는 멸종위기 동물인 호랑이와 수리부엉이 자료를 준비하여 점묘화를 제작하였고, 캐릭터 디자인 수업에서는 환경이라는 추상적 개념을 시각화하는 환경 지킴이 캐릭터 만들기 수업을 시행하였다.

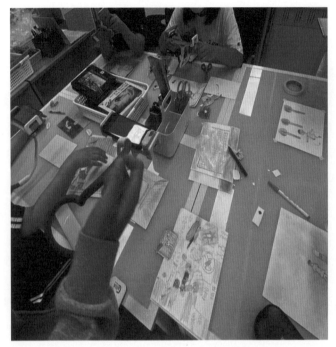

컷아웃 애니메이션 스토리보드 제작과정

영어

영어과도 외국어라는 점만 다를 뿐 국어과와 마찬가지로 생태전환교육 관련 다양한 수업이 가능하다. 다만 학생들의 언어 활용 수준이 아직 높지 않으므로 성취기준과 관련하여 수업 설계에서는 고려할 점들이 많을 것이다. 우리 학교 패들렛으로 환경 관련 대화문 만들기 수업에서는 재활용하기, 정원 가꾸기, 집 안 청소하기, 음식물처리, 동물보호 등에 관한 그림을 제시하고 각각의 그림에 대한 키워드 학습이 먼저 이루어졌다. 그리고 주어진 그림과 키워드를 활용하여 진행형으로 환경생태에 관심을 두고 실천하는 방안에 대한 문장 만들기 활동이 이어졌다. 미래형 시제 학습 시간에는 will과 will not을 사용하여 재활용과 환경보호를 위한 다짐을 문장으로 나타내며 실생활 관련 영어 수업이 이루어졌다. 생태환경 관련 단어를 활용하여 타이포셔너리로 표현하는 활동도 학생들이 좋아하는 활동 중의 하나였다. 타이포셔너리는 typography와 와 dictionary의 합성어로 단어의 의미를 알 수 있도록 그림으로 꾸며 단어를 표현하는 방법이다. 외국어 단어 공부에서 의미를 이해하는 방법으로 많이 활용되는데, 이를 생태전환교육과 연결한 것이다. 아래에 제시된 수업지도안은 이상에서 소개한 활동들을 포함하여 '독서와 연계한 환경 주제 대화 UCC와 타이포셔너리 만

주제	독서와 연계하여 환경 주제 대화 UCC와 타이포셔너리 만들기					
단원	4. Open a Book, Open Your Mind(Grammar in Use)	대상	2학년	총 차시	4차시	
성취 기준	[9영02-03] 일상생활에 관한 그림, 사진, 또는 도표에 대해 설명할 수 있다. [9영03-04] 일상생활이나 친숙한 일반적 주제의 글을 읽고 줄거리, 주제, 요지를 파악할 수 있다.					
수업 활동 내용	차시	교수 학습 내용			평가/관찰자료	
	1	• 재활용하기, 정원 가꾸기, 집 안 청소하기, 음식물처리, 동물보호 등에 관하여 그림을 제시. • 주어진 그림과 key word를 활용하여 진행형 문장과, 용도를 묻는 대화문을 만들고 공부하는 과정을 UCC 영상으로 만들어 Padlet에 게시 • 주어진 그림과 keyword를 활용하여 환경 관련 대화문 만들기			padlet, ucc	
	2	• 독서할 책을 선택한 후 reading log를 작성하고 공부하는 과정 UCC 만들기			padlet, ucc	
	3	• 책제목, 작가, 서론, 본론, 결론을 분석한 후 독후감 작성하기			독후감 활동지	
	4	• 생태환경 관련 단어를 활용하여 타이포셔너리로 표현하기			타이포셔너리 활동지	
성과 및 제언	• 영어 학습과 생태환경을 융합하여 교육과정을 재구성하여 4시간 프로젝트로 밀도 있고 계획적으로 진행됨. 프로젝트 수업으로 과정중심평가를 진행함. • 생태환경에 대한 지적 능력과 그것을 영어로 표현하는 언어능력 차이가 크므로 쉽게 접근할 방법에 대한 연구가 요구됨.					

생태환경 타이포셔너리
<학생작품>

들기' 4차시 수업계획이다.

중국어

우리 학교에는 중국어 원어민 교사가 있다. 따라서 중국 문화에 대한 수업도 많이 이루어지는데 우리 학생들은 중국 학생들의 학교생활에 대해서도 많이 궁금해한다. 이에 중국 학생의 학교생활과 중국 학교에서 이루어지는 환경보호 활동을 소개하고 중국어 환경보호 포스터 만들기 활동을 진행했다. 환경문제가 어느 한 나라만의 문제가 아니라 세계 공통의 관심사라는 것을 외국어 수업을 통해서도 다시 한번 확인하는 계기가 되었다.

주제	중국의 교내 환경보호 활동 이해하고 포스터 제작하기				
단원	3. 我们下课吧		대상	3학년	총 차시	2차시
성취 기준	[9생중01-04] 간단한 글이나 대화를 듣고 내용을 이해한다.				
	[9생중04-03] 낱말의 용법과 어순에 유의하여 간단한 문장을 작성한다.				

수업 활동 내용	차시	교수 학습 내용	평가/관찰자료
	1	• 중국 학생의 학교생활 및 교내 환경보호 활동을 이해하고 관련 표현을 익히기	활동지
	2	• 중국어 환경보호 포스터 만들기	포스터 제작
성과 및 제언		• 기후위기의 심각성을 인식하고 환경의 중요성과 보존의 필요성을 느끼며, 기후를 위해 우리가 할 수 있는 작은 일은 무엇이 있는지 생각해보는 시간을 가짐. • 중국어와 일상의 삶을 연결하여 중국어 학습의 동기부여가 되도록 지도하려 노력함.	

중국어 환경 포스터

<학생작품>

한문

마지막으로 소개하는 개별교과 수업은 한문이다. 한문 교과에서는 기후위기나 환경보전과 관련된 픽토그램을 그렸다. 픽토그램은 그림문자로 언어를 초월해 직감적으로 이해할 수 있도록 표현된 시각언어이다. 한자 자체가 사물의 모양을 본떠서 만든 그림문자에서 발전하였음을 학생들이 이해하도록 그림에서 한자가 만들어진 변천 과정을 카드로 학습하는 수업을 시행했다. 그리고 그림문자와 기호문자의 원리를 이해하기 위하여 기후위기나 환경보전 관련 픽토그램을 그린 것이다. 또한 사자성어의 어순과 짜임을 이해하는 단원에서는 기후위기, 환경보전 관련 사자성어를 만들어 스크래치판에 완성하고 패들릿으로 공유하며 캠페인 활동도 벌였다.

주제	기후위기나 환경보전과 관련된 픽토그램 그리기						
단원	3. 그려서 만든 한자			대상	2학년	총 차시	1차시
성취 기준	[9한01-04] 한자가 만들어진 원리를 구별한다.						
수업 활동 내용	차시	교수 학습 내용				평가/관찰자료	
	1	• 한자는 사물의 모양을 본떠서 만든 그림문자에서 발전하였음을 설명한다. • 그림에서 한자가 만들어진 변천과정을 카드로 제시한다. • 그림문자와 기호문자의 원리를 이해하여 기후위기나 환경보전 관련 픽토그램을 그려본다.				한자그림카드 도화지 색연필 사인펜	
성과 및 제언	• 기후위기나 환경보전을 위한 픽토그램을 만들기 위해 우리 주변의 생태환경과 탄소발생에 대해 생각하는 시간이 됨						

채식 관련 한자 픽토그램

<학생작품>

개별교과에서 교과 간 연계로 ─생태융합교육

생태 융합 교육과정 재구성

생태전환교육 연구학교 1차 연도에는 모든 교과가 교육과정 성취기준을 검토하여 생태전환교육을 교과에 반영하여 시행하였다. 1차 연도를 성찰 반성하는 과정에서 수업받는 학생의 입장이 되어 교과별 생태전환교육에 대해 검토해보았다. 생태전환교육을 다양한 교과 수업에서 시행한다는 것은 큰 장점이었지만, 모든 교과의 수업을 받는 학생에게는 중복되는 활동이나 주제도 있었을 것이다.

무엇인가 좀 더 체계적이고 정리된 생태전환교육이 필요하다는 생각이 들었다. 이에 생태전환교육 연구학교 2차 연도에는 생태전환교육을 주제로 하는 융합교육을 시행하기로 하였다. 다음 학년도를 준비하는 2월 '신학년 준비기간' 교사 워크숍에서 전 교사가 함께 융합 수업을 기획했다. 수석교사가 중심이 되어 융합 수업에 대한 준비 작업을 시작한 것이다. 융합 수업을 준비하는 학교에서는 반드시 2월 신학년 준비기간을 활용할 것을 권장하는 바이다. 학기 전에 융합 수업계획이 결정되지 못하면 학기 중에는 예정된 진도에 차질이 생기는 등의 이유로 진행이 어렵기 때문이다.

2월 신학년 준비기간 동안 우리 학교 모든 교사는 교과서와 노트북을 들고 한 자리에 모였다. 융합 수업이란 무엇인가에 대한 강의를 들은 후, 교사들은 학년별로 모둠을 마련하였다. 교과서의 목차를 보며, 생태전환교육을 주제로 3~4개 교과가 융합 수업을 할 수 있는 아이디어를 모았다. 온종일 열띤 토론이 있었고, 융합 수업 주제와 교과별 역할, 교과별 수업 시기를 발표하였다. 선생님들은 다른 팀 발표를 보며 생각지도 못한 참신한 아이디어에 놀라기도 하고, 이렇게 모든 학년, 모든 교과에서 생태전환교육을 주제로 한 융합 수업이 가능하다는 점에 또 놀랐다. 그리고 동료들과 전문성 있는 주제로 장시간 이렇게 토론할 기회가 그동안 정말 없었다며 이 경험의 소중함을 강조했다.

융합 교육은 교육과정의 방향이기도 하고 제4차 산업 시대에 미래 교육으로 주목받는 교육이다. 그런데도 중등 과정에서는 융합 교육이 쉽지 않다. 한 교사가 여러 과목을 가르치는 초등에서는 교사의 개별적 노력만으로도 충분히 융합 교육을 구현할 수 있지만, 중등에서는 교과교사 체제라 융합 교육을 위해서는 별도의 협력적 노력이 필요하다. 교과 칸막이가 높고 수업 공개에 대한 벽이 아직도 높은 현시점에서는 더더욱 그렇다.

우리 학교도 2월 신학년에는 전 교사가 융합 수업을 하는 것에 의기투합이 되었지만, 바쁜 3월로 들어가면서 어려움을 호소하는 교사들이 생겨나기 시작했다. 협력의 시간을 낼 만큼의 의지를 보이지 못하는 교사들이 생겨난 것이다. 이에 아쉽기는 해도 중요한 것은 교사의 자발성이기에 6팀 중 4팀이 실제 융합 수업을 진행했다. 실제로 진행된 융합 수업들은 놀랍게도 신학년 준비기간 연수에서 교사들이 발표한 아이디어가 거의 그대로 유지되며 발전한 형태여서 신학년 준비기간 연수의 중요성을 다시 한번 확인할 수 있었다.

신학년 준비기간 주제중심 융합 교육 아이디어 발표

융합 교육의 실제

생태전환교육의 융합 수업은 1학년과 2학년 총 4팀에서 진행되었다. 3학년은 진학지도와 입시와 관련된 평가 등 교육 일정의 차이로 융합 수업 아이디어 공유 차원에서 머물렀다. 융합 수업에 참여한 교사 중에는 연구수업 공개 대상 교사들이 모두 포함되어 있어, 연구수업 역시 융합 수업으로 이어졌다.

1팀은 1학년을 대상으로 '페트병 업사이클링 프로젝트' 융합 수업을 시행했다. 기술, 영어, 진로의 융합 수업이었다. 도입은 기술 과목의 페트병 업사이클링 작품 만들기로 시작되었다. 바통을 이어받은 영어 과목에서는 기술 시간에 만든 자신의 업사이클링 작품에 대한 개요서를 작성하고, 모둠별로 모둠원들 작품의 공통점, 차이점, 특징에 대해 발표하였다. 이어진 진로 수업에서는 생태 관련 직업을 포함한 미래의 유망 직업을 탐구 발표하였다. 정리 단계에서는 다시 영어 수업으로 돌아가 진로 수업에서 탐색한 친환경 관련 직업에 대한 소개글을 작성하고, 모둠별로 관심 있는 친환경 직업을 골라 발표하였다.

생태전환 융합 수업 주제		페트병 업사이클링 프로젝트		
단계	도입	전개1	전개2	정리
교과목명	기술	영어	진로	영어
성취기준	[9기가05-03] 일상생활에서 사용되는 제품들이 기술적 문제해결 과정을 통해 개발되고 발전하고 있음을 이해한다.	[9영 04-02] 일상생활에 관한 자신의 의견이나 감정을 표현하는 문장을 쓸 수 있다. [9영 04-01] 일상생활에 관한 주변의 대상이나 상황을 묘사하는 문장을 쓸 수 있다. [9영 02-01] 주변의 사람, 사물, 또는 장소를 묘사할 수 있다. [9영 02-02] 일상생활에 관한 자신의 의견이나 감정을 표현할 수 있다.	[9진02-2] 사회적 변화에 따라 새롭게 등장한 직업과 사라진 직업에 대해 설명할 수 있다. [9진02-03] 새로운 종류의 직업이나 사업을 상상하고 만드는 모의 활동을 할 수 있다.	[9영04-04] 개인 생활의 경험이나 계획에 대해 문장을 쓸 수 있다. [09영02-08] 개인 생활에 관한 경험이나 계획에 대해 묻거나 답할 수 있다.

활동 내용	페트병 업사이클링 작품 만들기	기술 시간에 만든 자신의 upcycling 작품에 대한 개요서를 작성하고, 모둠별로 각자의 작품의 공통점/차이점/특징에 대해 발표하기	생태 관련 직업을 포함한 미래의 유망직업 탐구	진로시간에 탐색한 친환경 관련 직업에 대한 소개글을 작성하고, 모둠별로 관심 있는 친환경 직업을 골라 발표하기
평가/ 관찰 자료	프로젝트법, 활동지	upcycling 작품 개요서 학습지, 발표 PPT자료	발표자료, 발표자 태도	친환경 직업 소개글 학습지, 발표 PPT자료

1) 기술 : 페트병 업사이클링 작품　　**2) 영어** : 업사이클링 작품 개요서　　**3) 진로** : 친환경 직업 조사 발표

　2팀은 1학년 대상 '생물의 다양성을 지켜라'라는 주제의 융합 수업을 과학, 국어, 음악과가 진행하였다. 과학 수업에서 생물 종이 다양하게 존재하기 때문에 얻을 수 있는 혜택을 조사하여 생물다양성 보존의 필요성을 알게 되었고 생물다양성 보존 활동 사례에 대해서도 조사했다. 모둠별로 4종의 멸종위기종을 선정하여 보존 홍보물을 제작하며 개인의 작은 행동도 생물다양성 보존에 큰 영향을 줄 수 있다는 인식을 하게 되었다. 이어진 국어 수업에서는 생물다양성과 관련된 주제를 영상 매체로 표현하는 시간을 가졌다. 마지막 음악 수업에서는 과학, 국어 교과에서 학습한 내용과 활동에 기반을 두고 '생태적 전환'을 주제로 가사를 개사하였다. 생태를 보존하는 방법을 선택해보고, 노래함으로써 생태적 전환에 대한 실천 의지를 다지고자 한 것이다.

생태전환 융합 수업 주제		생물의 다양성을 지켜라	
단계	도입	전개	정리
교과목명	과학	국어	음악
성취기준	[9과03-03] 생물다양성 보전의 필요성을 이해하고, 생물다양성 유지를 위한 활동 사례를 조사하여 발표할 수 있다.	[9국03-08] 영상이나 인터넷 등의 매체 특성을 고려하여 생각이나 느낌, 경험을 표현한다.	[9음02-01] 중학교 1~3학년 수준의 음악 요소와 개념을 구별하여 표현한다. [9음01-01] 악곡의 특징을 이해하며 개성 있게 노래를 부르거나 악기로 연주한다. [9음01-05] 바른 자세와 호흡 및 정확한 발음으로 노래 부르거나 악기에 따른 연주법을 익혀 표현한다.
활동 내용	생물다양성 보존 활동, 멸종위기 생물 홍보	'생물다양성'과 관련된 주제를 영상 매체로 표현하기	개사된 노래 확인 및 노래 부르기 노래 부르기를 포함한 과학, 국어 교과에서 학습한 내용을 토대로 한 발표
평가/ 관찰 자료	PPT와 멸종위기종 홍보물 제작 및 발표	제작 활동지, 영상 결과물, 발표	학습지, 노래 부르기, 동료평가

1) 과학 : 멸종위기종 홍보물	2) 국어 : 멸종위기 동물 소개 뉴스	3) 음악 : 노래 개사하기

3팀은 2학년 대상 도덕, 과학, 수학 융합 수업이었다. 주제는 '온실가스, 널 감축시켜 보겠어!'로 탄소중립에 대해 다룬 수업이다. 도덕과에서는 패스트 패션, 과도한 육식 등으로 인한 탄소배출 문제를 탐구하고 환경친화적 삶을 사는 방안을 모둠별로 토론하였다. 그 후 역시 같은 도덕 수업에

서 정의로운 국가가 추구해야 하는 보편적 가치가 무엇인지 탐구하고 가상 대통령 선거를 통해 인권, 평화, 환경적인 분야의 정책을 제안, 발표하고 투표하는 활동을 하였다. 이 활동은 사회정의로서 환경정의의 개념을 배우며 온실가스 배출 차이로 말미암은 환경 불평등과 환경정의 문제를 이해하여 온실가스 배출을 줄여야 할 도덕적 당위성을 체득하는 활동이었다. 다음 과학 수업에서는 온실가스 중 큰 부분을 차지하는 이산화탄소를 줄이는 과학적인 방법을 확인하고 식물의 광합성 과정에서 이산화탄소가 출입하는 기공과 공변세포를 관찰하였다. 정리 단계로 수학과에서 탄소중립 개념을 이해하고 연도별 탄소 배출량 추이를 분석하여 미래 탄소 배출량을 예측하였다. 그리고 앞의 도덕과, 과학과 수업내용도 포함하는 형성평가 과정으로 메타버스 방 탈출 게임을 실시하였다.

생태전환 융합 수업 주제		온실가스, 널 감축시켜 보겠어! (탄소중립)		
단계	도입	전개1	전개2	정리
교과목명	도덕	도덕	과학	수학
성취기준	[9도04-01] 인간과 자연의 조화를 통한 삶의 중요성과 환경보호의 필요성을 다각적으로 이해하고, 생태지속가능성의 관점에서 소비생활과 환경에 대한 가치관을 평가해보며, 환경친화적인 실천 기술을 익힐 수 있다.	[9도03-04] 정의로운 국가의 조건을 이해하고 시민이 갖추어야 할 자질이 무엇인지 탐구하는 과정을 통해, 준법 의식을 길러 공동체의 일원으로서 책임감 있게 행동할 수 있다.	[9과11-02] 광합성에 필요한 물의 이동과 증산 작용의 관계를 이해하고, 잎의 증산작용을 광합성과 관련지어 설명할 수 있다.	[9수03-06] 일차함수 그래프의 성질을 이해하고, 이를 활용하여 문제를 해결할 수 있다. [9수03-07] 일차함수와 미지수가 2개인 일차방정식의 관계를 이해한다. [9수03-07] 두 일차함수의 그래프와 연립일차방정식의 관계를 이해한다.

		정의로운 국가가 추구해야 하는 보편적 가치가 무엇인지 탐구하고, 가상 대통령 선거를 통해 인권, 평화, 환경적 방법에 대한 정책을 제안·발표·투표하기. 온실가스 배출도로 알아보는 환경정의 문제	온실가스 중 큰 부분을 차지하는 이산화탄소를 줄이는 과학적인 방법을 확인하고 식물의 광합성 과정에서 이산화탄소가 출입하는 기공과 공변세포를 관찰함.	일차함수, 탄소중립 개념을 연계한 메타버스 방 탈출 게임
활동 내용	패스트 패션으로 인한 탄소배출 문제, 과도한 육식으로 인한 탄소배출 문제 탐구, 환경친화적 삶을 살기 위한 방안 모둠별 탐구			
평가/ 관찰 자료	포트폴리오, 학습지	포트폴리오, 선거 자보 활동지	동료평가, 관찰평가	학습지, ppt, 메타버스

1) **도덕** : 가상 대통령 선거 연설 2) **과학** : 이산화탄소량 감축을 위한 방안 제시 모둠별 자료 3) **수학** : 메타버스 방 탈출 활동 장면

마지막 4팀도 역시 2학년 대상의 수업으로 주제는 '종이의 역사와 흐름, 그리고 재활용'이었다. 한문, 역사, 미술, 수학과가 참여하였다. 도입인 한문 수업에서는 종이가 만들어지기 전에 사용했던 죽간으로 단어장 만들기 활동을 하였다. 죽간에 기록할 때 불편한 점을 탐구하며 종이 발명이 왜 시작되었는지 생각하는 시간을 가졌다. 또한 무분별한 종이 사용과 숲의 위기에 대해 학습하고 종이와 숲이 공존할 방법에 대해 탐구하였다. 역사 수업에서는 종이의 역사에 대해 조별로 내용을 선정하고 조사하였다. 종이의 역사와 친환경 종이 제조법 카드 뉴스를 제작하였는데, 이 수업은 역사과 내에서도 교과서 여기저기에 분포된 종이 관련 내용을 한곳에 묶어 수업

하는 과목 내 융합 수업이기도 했다. 이어진 미술 시간에는 폐지를 활용하여 새로운 형태의 종이를 제작하고 자기가 만든 종이를 활용하여 작품을 제작하였다. 마지막 수학 시간에는 폐지를 활용하여 만든 종이로 삼각형의 무게 중심을 찾아 팽이 만들기 활동을 하였다. 이는 종이의 변신을 공부하며 종이의 소중함에 대하여 배우는 계기가 되었다.

생태전환 융합 수업 주제		종이의 역사와 흐름 그리고 재활용		
단계	도입	전개1	전개2	정리
교과목명	한문	역사	미술	수학
성취기준	[9한05-02] 한자문화권의 문화에 대한 기초적 지식을 통해 상호 이해와 교류를 증진시키려는 태도를 형성한다. [9한05-01] 한문 기록에 담긴 우리의 전통문화를 바르게 이해하고, 미래 지향적인 새로운 문화 창조의 원동력으로 삼으려는 태도를 형성한다. [9한01-01] 한자의 모양·음·뜻을 구별한다.	[9역01-03]고대 제국들의 특성과 주변 지역들과의 상호작용에 따른 고대 세계의 형성을 설명한다. [9역02-03]무함마드 시기부터 아바스 왕조까지 이슬람 제국에서 종교가 일상생활과 정치에 미친 영향을 이해하고 이슬람 문화를 탐구한다.	[9미01-04] 미술과 다양한 분야의 융합방안을 모색할 수 있다. [9미02-03] 표현재료와 용구, 방법의 특징을 이해하고 표현과정을 점검할 수 있다.	[9수04-14] 삼각형의 무게중심을 이해하고, 삼각형 모양의 팽이를 만들어 삼각형의 무게중심에 대한 개념을 형성할 수 있다

활동 내용	- 죽간으로 단어장 만들기 - 종이 발명의 시작에 대해 생각해보기. - 죽간에 기록할 때 불편한 점 탐구하기 - 무분별한 종이 사용과 숲의 위기 내용 공부 - 종이와 숲이 공존할 수 있는 방법 탐구하기	- 종이의 역사에 대해 조별 내용 선정 및 조사 - 종이의 역사와 친환경 종이 제조법 카드 뉴스 제작 - 조별 발표 - 교사의 내용 정리	- 폐지를 활용하여 새로운 형태의 종이 제작. - 만들어진 새로운 형태의 종이를 활용하여 작품 제작.	- 폐지를 활용하여 만든 종이로 삼각형의 무게중심을 찾아 팽이 만들기
평가/ 관찰 자료	활동지, 죽간 결과물	수행평가(조별 제작한 카드 뉴스 만들기(ppt))	모둠별 자료수집 및 보고서, 작품 제작	삼각형 모양의 팽이가 넘어지지 않고 계속 돌아가는 정도로 무게중심을 잘 찾음을 평가함.

1) 한문 : 한자 단어로 죽간 만들기   **2) 역사** : 종이의 역사 카드 뉴스 만들기   **3) 미술** : 종이 제작하고 표현하기   **4) 수학** : 폐지를 활용한 종이로 무게중심 팽이 만들기

융합 교육은 왜 해야 할까?

생태전환교육을 주제로 한 융합 수업은 2월 '신학년 준비기간' 교사 워크숍에서 기획되어 생태전환교육 연구학교 2차 연도 일 년 동안 진행되었다. 3~4개의 교과가 한 개의 팀을 이루어 총 4팀의 진행은 교사의 교육과정 전문성 향상에 있어서 본보기가 되었다. 교원 학습공동체처럼 팀별로 공동체

학습과 연구 과정이 지속해서 행해졌다. 소수의 팀이기에 일주일에 한 번 정도는 공강 시간을 맞출 수도 있었다. 팀 연구 활성화의 모습은 공개수업 현장에서도 나타났다. 역사과 공개수업인데 역사와 사회과 교사만 참관하는 것이 아니라 한문, 미술, 수학과 교사도 함께 수업을 관찰했다. 교과 간 장벽이 높은 중등에서는 참으로 이례적인 현상이면서 가장 이상적인 수업 참관의 형태라는 생각이 들어 진행한 선생님들 모두 다 뿌듯해했다.

융합 교육을 진행하면서 우리는 다시 한번 융합 교육의 의미를 되새기게 되었다. 융합 교육을 위해서는 교사의 시간과 에너지가 많이 투자되어야 한다. 쉽지 않은 일이다. 그런데도 융합 교육을 왜 해야 할까 하는 생각을 교사라면 누구나 한 번쯤 해볼 것이다. 융합 교육은 그 정의에 있어서 아직도 다양한 견해가 있지만, 그 필요성은 대전제처럼 이미 공유된 상태이다. 4차 산업혁명 시대의 복잡다단한 삶의 문제를 해결하기 위해서는 창의융합형 인재가 필요하고, 이러한 인재를 기르기 위해서는 융합 교육이 행해져야 한다는 것이다.

인문학적 사고력과 과학적 창조력을 갖춘 창의융합형 인재를 만들기 위해서는 융합의 연습이 필요하다. 각 교과에서 배운 지식을 학생 스스로 융합한다면 그도 좋겠지만, 교사가 필요한 이유는 융합의 환경을 조성하고 도와줄 수 있다는 데 있다. 학교에서 각 교과를 배웠으니, 사회에 나가서 알아서 융합하란 태도가 아니라 학교에서 융합의 경험을 제공하여 사회에서 실전 적응을 잘할 수 있도록 비계(scaffolding)를 형성해주는 것이다. 협업하는 창의융합형 인재를 육성하기 위해서는 교사도 교사 간의 협업을 본보기로 보여줄 필요가 있다.

물론 융합 교육을 위해서는 교사에 대한 지원도 필요하다. 학교에서 각자의 수업과 학생 지도만으로도 열정을 다하는 교사들은 시간이 부족하다. 융합 교육을 위해서는 더 많은 에너지와 더 많은 시간이 필요하기에 때로는 초과근무까지 해야 한다. 그래서 업무경감과 융합 교육에 대한 지원이 필요하다. 우리 학교 교사들은 융합 수업을 진행하면서 서로 다른 교과서 간 겹치는 내용이나 주제가 이렇게 많은데, 아예 교과서 자체에 융합 수업의 방향이 제시되었으면 좋겠다는 의견을 냈다. 옳은 말이라고 생각했다.

교육과정에서 문·이과 통합을 이야기하고, 융합 교육의 중요성을 말하는 이 시점에서 국가수준 융합 수업계획이 교과서에 반영될 필요가 있다. 서로 다른 교과 간의 내용이나 주제의 연결성이 국가수준 교과 교육과정에 제시된다면, 학교 현장에서 학교마다 각자도생으로 교육과정 검토부터 들어가는 수고로움이 줄어든다. 특히 우리나라처럼 교과서 의존도가 높은 상황에서는 교과서 편찬 지침과 검정 기준에 융합 교육이 가능하도록 연결성이 제시될 필요가 있다. 교과서 개발 시점부터 융합 교육의 요소가 제시되어 나타난다면 학교 현장에서 융합 수업이 훨씬 더 활발해질 것이다.

자유학기 연계 생태전환교육

생태전환 주제와 연계

    중학교의 자유학기제는 생태전환교육을 가장 쉽게 도입할 수 있는 제도이다. 자유학기제란 중학교에서 한 학기 동안 지필평가 중심인 중간과 기말고사의 시험 부담에서 벗어나 다양한 학생 참여 중심 활동과 진로 탐색 활동을 진행하는 제도이다. 2013년부터 시범적으로 도입하여 2016년부터 전국의 학교로 확대되었다. 2020년부터는 자유학년제로 1년 동안 실시되다가, 2023년부터 자유학기제와 자유학년제의 선택이 가능하도록 운영되고 있다.

    자유학기제에서는 한 학기 170시간 이상 자유학기 활동을 편성하여 운영하게 되어 있다. 자유학기 활동은 주제 선택 활동, 예술체육 활동, 동아리 활동, 진로 탐색 활동의 네 가지 활동으로 구성된다. 그중 주제 선택 활동이 자유학기 활동 중 가장 특색 있는 활동이라고 볼 수 있는데, 학생이 학급 단위를 넘어서서 본인이 좋아하는 주제를 선택하여 집중적으로 탐색하는 활동이다. 주제 선택 활동으로 생태전환교육 관련 과목을 개설하는 것이 일반 중학교 교육과정에서 교과로 생태전환교육을 가장 손쉽게 편성하는 방안이다. 우리 학교에서는 '생태시민 프로젝트', '초록하자!', '그린 메이커', '슬기로운 기후생활', '슬기로운 반려생활', '8주간의 약속' 등 다양한 생태전환교육 연계 주제선택 활동을 개설하였다. 또한 각각의 주제선택 활동은 지속가능발전목표와 관련된 활동들을 펼쳤다.

'생태시민 프로젝트'는 생태전환적 체험을 통해 생태시민의 자세를 실천하는 것을 목표로 한다. 다양한 장소와 영역에서 자율적으로 체험한 생태전환적 경험을 온라인으로 공유하며 생태적 삶에 관련한 문제 상황을 성찰한다. 그리고 창의적 상상력을 발휘하여 생태 이야기를 동화로 창작했다. '초록하자!'는 다양한 원예 활동을 통해 우리의 환경을 이해하고, 기후위기 대응 행동을 생활 속에서 실천하는 데에 주력했다. 환경문제 해결에 일조하는 생활소품 만들기 활동은 '그린 메이커'에서 이루어졌다. 일상의 환경문제를 살피고 천연 비누와 기초화장품, 천연 염색 손수건 만들기 등이 그린 메이커 반에서 진행되었다.

'슬기로운 기후생활'은 기후위기에 초점을 두고 기후위기의 원인과 문제를 탐색하여 이를 해결하기 위해 학생이 할 수 있는 일이 무엇일지를 탐구했다. 짝으로 개설된 '슬기로운 반려생활'은 동물보호와 자원 순환을 결합한 교육과정으로 양말목을 이용해 반려동물의 장난감을 만드는 활동 등 업사이클링을 활용한 반려동물 키우기 활동을 벌였다. 마지막 '8주간의 약속' 활동은 자원 순환에 집중한 활동으로 헌 옷, 안 쓰는 물건 등 생활 폐품을 재활용하고 물건 교환하기 등을 통해 자원 순환 활동 캠페인을 하였다. 이같이 주제선택 활동으로 생태전환교육 과목을 개설할 때, 다양한 중점사항을 두고 다수 개설하여 되도록 모든 학생이 생태전환교육 중 1개 과목은 이수할 수 있도록 한다면 생태전환교육 확산의 측면에서 성과가 있을 것이다.

프로그램명	활동내용	지속가능발전목표
생태시민프로젝트	• 생태전환적 체험을 통한 생태시민 자세 실천 - 다양한 방식(장소, 영역, 형태 등)으로 자율적으로 체험한 생태전환적 경험을 온라인으로 공유 - 학교 공간에 있는 텃밭에 감자를 파종하여 수확하는 체험활동으로 땅의 감사함을 느낌 - 생태적 삶에 관련한 문제 상황(길고양이, 코로나 전파와 생활 변화 등)을 성찰한 뒤 창의적인 상상력을 발휘하여 생태 이야기를 동화로 창작	건강과 웰빙, 동물보호
초록하자!	• 원예 활동 - 다양한 원예 활동을 통하여 우리의 환경을 이해하고, 기후위기 대응 행동 및 생태보호를 직접 체험하고 생활 속에서 실천	기후위기 대응, 생태보호
그린 메이커	• 기후위기 및 다양한 환경 문제에 대한 경각심 높이기 - 기후위기 문제의 심각성을 깨닫고 생활 속에서 우리 개개인이 할 수 있는 다양한 실천방식에 대해 논의함. 그 밖에 생물다양성 감소, 미세플라스틱과 쓰레기 문제 등등 여러 환경문제를 다루며 지구 환경에 대한 경각심을 높임. - 자연동식물 그리기, 천연비누와 스킨, 천연염색 손수건 만들기	기후행동
슬기로운 기후생활	• 기후위기의 원인과 문제를 알아보고 해결을 위해 우리가 할 수 있는 일에 대해 배움. (LED 스탠드 만들기, 천연 쪽 염료를 이용한 손수건 염색하기, 기후변화 캠페인 포스터 만들기 등)	기후행동
슬기로운 반려생활	• 업사이클링 재료를 이용한 생활용품 만들기(양말목을 이용한 반려동물의 장난감 만들기 활동)	자원순환, 동물보호
8주간의 약속	• 생활 폐품을 재활용하기(헌 옷, 안 쓰는 물건 등), 물건 교환하기 등을 통한 자원순환활동	자원순환

생태시민프로젝트 - 생태동화창작
<학생작품>

8주간의 약속 _ 헌 옷의 재탄생 수업

4차 산업 주제와 연계

　자유학기제의 주제선택 활동에서 다양한 생태전환교육 과목 개설은 추천할 만하지만 모든 주제선택 활동을 생태전환교육으로만 채울 수는 없다. 다양한 주제선택 활동 중 4차 산업과 관련된 주제선택 활동은 미래역량 강화의 측면에서 학생들의 수요가 많다. 우리 학교에서는 구청의 예산 및 시설지원을 받아 4차 산업과 연계된 주제선택 활동을 하였다. 이런 활동에서도 부분적으로 생태전환교육을 도입할 수 있다. 생태전환교육의 일환인 자원 절약을 위해서는 디지털 전환이 필수적이기에 이런 연관 관계를 4차 산업 주제선택 활동과 관련하여 안내해야 한다. 그 예시를 소개하면 다음과 같다.

　'드론 날다' 수업에서는 드론의 기초적인 작동 방법을 익히고 환경캠페인 영상을 제작하였다. 생태보호 감시, 정찰, 생태 영상 촬영 등 드론으로 생태를 지킬 수 있는 일을 토의하고 영상을 제작 편집하였다. '3D 메이킹' 수업에서는 3D 펜을 활용하여 자연물의 모습을 본떠 드림캐처를 제작하고 재활용품을 활용하여 친환경 화분을 제작함으로써 자연에 대한 친근감과 흥미를 높이고 자연보호 태도를 형성하고자 하였다. '키네마스터 영상 제작' 시간에는 동물보호를 주제로 파충류 보호에 관한 영상을 제작하였다. 10월 21일 세계 파충류의 날에 관련된 영상을 감상하고 의견을 나눈 후 후속 활동으로 제작한 것이다. 악어를 비롯한 파충류를 보호하고, 무분별한 포획과 사육을 반대하는 뜻을 담은 그림을 그리고 동영상 소프트웨어인 키네마스터로 영상을 제작하였다.

'신세계 코딩' 수업으로는 생태 관련 다양한 문제 상황에서의 리테일테크를 설계하였다. 리테일테크란 소매점을 뜻하는 영어단어 retail과 기술을 뜻하는 technology의 합성어로 소매점에 첨단기술을 접목한 것이다. 흔히 보이는 무인점포 등이 그 예이다. 수업 활동으로는 코로나19 비대면 상황, 호우로 인한 수해 지역의 피해복구와 수재민 돕기, 자외선이 강한 국가의 건강 문제해결 등을 주제로 물류 리테일테크를 설계하였다. '코딩과 VR' 시간을 통해서는 바닷속에서 범고래와 상어가 헤엄치며 새끼를 낳는 모습을 VR 장면으로 만들어보는 등 동물보호와 생명 존중, 친환경 도시를 주제로 VR 장면을 구현하였다. 마지막으로 '미래 로봇' 활동은 에너지 절감을 주제로 어두운 상태에서 사람의 움직임이 감지되었을 때만 LED 등이 켜지도록 하는 에너지 절감형 스마트 조명을 만들었다. 이처럼 4차 산업 관련 주제 활동을 통해서도 다양한 생태전환교육이 가능하다. 결국 중요한 것은 주제선택 활동 교사의 의지와 학교 차원의 생태전환교육 운영 정책 및 분위기 조성이다.

프로그램명	활동내용	지속가능발전목표
드론 날다	•드론의 기초적인 작동법을 익히고 환경캠페인 영상 제작 - 드론으로 생태를 지킬 수 있는 일을 토의 - 생태보호감시, 정찰, 생태영상촬영 등 다양한 주제로 영상을 제작/편집	생태보호
3D 메이킹	•3D펜을 활용한 드림캐쳐, 친환경 화분 제작 - 3D펜을 활용하여 자연물의 모습을 본 따(별, 꽃, 달 등) 드림캐쳐를 제작하고, 재활용품을 활용하여 친환경 화분을 제작함으로써 자연에 대한 친근함과 흥미를 증진시키고 이를 보호하고자 하는 태도를 형성	생태보호
키네마스터 영상 제작	•파충류 보호 영상 제작 - 10월 21일 '세계 파충류의 날'에 관련 영상을 감상하고 의견을 나누며 후속 활동으로 악어를 비롯한 파충류를 보호하고, 무분별한 포획과 사육을 반대하는 뜻을 담은 그림을 그리고 키네마스터로 영상을 제작	동물보호
신세계 코딩	•생태 관련 다양한 문제 상황에서의 리테일테크 설계 - 코로나19 비대면 상황, 호우로 인한 수해 지역의 피해복구와 수재민 돕기, 자외선이 강한 국가의 건강 문제 해결 등을 주제로 물류 리테일테크 설계	기후행동
코딩과 VR	•VR로 바닷속 모습 구현하기 - 바닷속 세상을 VR 장면으로 만들고 바닷속 생물들의 생태를 코딩으로 구현하여 자신이 만든 생태환경을 VR 고글을 쓰고 체험해보며, 지속적인 생태보호 방안에 대해 논의	생태보호
미래로봇	•지속가능한 산업을 위한 로봇 장치 아이디어 구상 - 가전제품, 전자 제품에 사용되고 있는 센서들의 동작 원리를 이해하고, 센서를 이용한 장치의 프로토타입을 만들어보며 장치의 동작을 코딩을 통해 이해하며 지속가능한 산업을 위해 실현가능한 아이디어를 구상	산업지원

드론 날다 - 드론으로 촬영한 학교생태환경	키네마스터 영상제작 - 파충류 보호 영상
<학생작품>	<학생작품>

문화예술 주제와 연계

　문화예술 활동도 주제선택 활동의 큰 줄기다. 어떤 수업이나 그렇듯이 여기서도 생태전환교육과 연계가 가능하다. 우리 학교는 생태전환교육 연구학교로서 생태전환교육의 모든 실험을 시행하였다. 이에 문화예술 주제 활동과도 생태전환교육의 접목을 시도하였다.

　'캘리그라피' 수업에서는 아름다운 글씨를 배우고 실생활에 적용하는 캘리 에코백 디자인과 한지 캘리 포장지를 만드는 작품 활동을 하였다. '나와 만나는 연극'에서는 생태적 삶과 관련된 연극 장면을 연출하고 시연하였다. 친구 간의 존중, 코로나로 인해 겪은 어려움 등을 주제로 정의, 평화, 양질의 교육을 주제로 토론하고 연극으로 나타냈다. '알로하, 우쿨렐레' 시간에는 생태 관련 노래를 연주하고 노래하며 생태환경이 인간과 서로 공존함을 깨닫고 생태 친화적 감수성을 키웠다.

　'웹툰' 교실에서는 17개 지속가능발전목표를 일러스트로 제작했다. 17개의 주제 중 학생별로 하나씩 주제를 정해 자기 생각을 그림으로 표현하는

프로그램명	활동내용	지속가능발전목표
캘리그라피	•캘리 엽서/에코백 디자인과 캘리 양초/포장지 제작 - 아름다운 글씨를 배우고 실생활에 적용하는 캘리 엽서/에코백 디자인과 캘리 양초/포장지를 직접 만드는 작품 활동을 통해서 탄소 배출량을 줄이는 에너지 절감과 자원 순환 교육 실천	지속가능한 생산과 소비
나와 만나는 연극	•생태적 삶과 관련된 연극 장면 연출 및 시연 - 생태적 삶과 관련하여 친구 간의 존중(사생활 존중, 언어 예절, 평화로운 친구 관계 등), 코로나로 인해 겪은 어려움(학교 수업의 어려움) 등을 주제로 연극 장면을 연출 및 시연	정의/평화/효과적 제도 양질의 교육
알로하~ 우쿨렐레	•생태 노래 연주하고 노래하기 - 아름다운 여름 바닷가 풍경에서 즐거웠던 추억을 담은 노래인 '조개껍질 묶어'를 연주하며 생태환경이 인간과 서로 공존하는 가치 있는 존재임을 깨닫고, 생태친화적인 감수성을 키움	생태보호
웹툰	•17개 지속가능 발전 목표 일러스트 제작 - 일러스트로 생태전환을 표현하여 17개의 목표 중 (ex.건강과 웰빙, 동물보호 등) 하나의 주제를 정해 자신의 생각이나 의견을 그림으로 표현하는 활동을 함으로서 생태전환이란 주제에 즐겁게 다가가고 자기표현력을 향상시킴.	17개 모두
프랑스 자수	•생태 손수건 제작 - 프랑스 자수의 다양한 기법을 활용하여 관심 있는 동식물의 형태를 손수건에 수놓음으로써 다른 생명체에 대한 관심과 흥미, 긍정적인 태도를 증진시킴.	동물보호, 생태보호
나를 찾는 MBTI	•패스트 패션 실천방법 토의하기 - 빠르게 변하는 유행에 맞춰 소비하는 생활방식인 패스트패션의 문제점을 배우고, 문제를 해결하기 위한 실천방법을 MBTI 그룹별로 토의하여 발표	지속가능한 생산과 소비

활동을 통해 생태적 전환이라는 주제에 즐겁게 다가가면서도 표현력을 향상할 수 있었다. '프랑스 자수' 시간에는 프랑스 자수의 다양한 기법을 활용하여 관심 있는 동식물의 형태를 수놓는 생태 손수건을 제작하였고, '나

를 찾는 MBTI' 수업에서는 패스트 패션의 문제를 해결하는 실천 방안을 MBTI 그룹별로 토의하고 발표하며 MBTI의 특성도 알고 그에 따른 다양한 실천 방안도 공유했다. 이처럼 다양한 주제선택 활동 모두에서 생태전환교육과 접목을 할 수 있었다. 생태전환교육은 삶 전반과 관련된 넓은 영역이기 때문에 이처럼 어떤 수업에서도 반영할 수 있다.

캘리그라피 - 한지 에코 포장지
<학생작품>

나와 만나는 연극 - 생태적 삶 연출

진로탐색 활동과 연계

앞에서 이야기했듯이 자유학기 활동은 주제선택 활동, 예술체육 활동, 동아리 활동, 진로탐색 활동의 네 가지 활동으로 구성된다. 네 영역 모두에서 생태전환교육 연계가 가능한데 여기서는 진로탐색 활동과의 연계 방법을 소개하려 한다. 우리 학교는 자유학년제로 1년간 자유학기 활동을 시행하였다. 그중 진로탐색 활동으로 '지구와 환경', '자연과 인간의 공존' 두 과정을 운영하였다. 각 과정은 17시간으로 편성 운영되었다. 마을 연계 교육의 하나로 생태전환교육 관련 마을 강사를 채용하여 기후 문제, 새활용,

환경보전 등과 관련된 내용을 주제로 지속적이고 전문적인 생태전환교육을 실시했다. IPCC 1.5도 보고서라든지 ERP(생산자책임 재활용제도) 등도 이 과정에서 학생들이 이해하기 쉽도록 쉬운 언어로 교육하였다. 생태전환교육과 관련된 다양한 분야 중 학생들이 어느 부분을 자신의 진로와 연계시킬 수 있는지 고민하는 시간을 가진다는 점에서 진로탐색과 연계가 가능할 수 있었다.

강좌명	지구와 환경(1학기)	자연과 인간의 공존(2학기)
운영방법	주당 1시간씩	주당 1시간씩
차시	주제	주제
1	교육과정 안내	날씨가 왜 이래?
2	환경의 의미, 인간이 환경에 미치는 영향	IPCC 1.5도 보고서
3	환경 체험-우리 학교 식물도감 만들기	학교 산책 & 생태지도 만들기
4	생태계의 구성과 상호작용	지구돌봄써클
5	환경문제 신문 만들기	텀블러와 에코백 과연 친환경적인가?
6	지역 환경 탐구	양말목으로 키링 만들기
7	우리 지역 환경 토론	올바른 분리배출
8	분리배출과 자원 순환	에너지 전환
9	에너지와 신재생에너지	천연수세미 만들기
10	지구와 환경문제	손수건 천연 염색하여 사용하기
11	기후변화	양말목으로 텀블러백 만들기
12	<바람계곡의 나우시카> 감상 후 감상문 작성	ERP(생산자책임재활용제도)
13	<바람계곡의 나우시카> 감상 후 감상문 작성	붉은 지구 영상 시청 및 감상문 쓰기
14	지속가능발전과 미래 직업	쓰레기는 어디로1 : 쓰레기 섬
15	우리 교실 적정 기술	쓰레기는 어디로2 : 쓰레기 산
16	지속가능한 삶의 태도(슬로우패션)	플라스틱 쓰레기 해결방안
17	지속가능한 삶의 태도(채식식단)	기후위기와 소비문화, 나의 실천과 진로 발표

손수건 천연 염색하여 사용하기

나의 생태전환 결심

창의적 체험활동 연계 생태전환교육

우리나라 교육과정은 교과와 창의적 체험활동으로 구성되어 있다. 창의적 체험활동은 다시 자율활동, 동아리 활동, 봉사활동, 진로활동의 4개 영역으로 나누어진다. 창의적 체험활동을 보통 줄여서 창체라고 부르는데, 창체 시간에도 생태전환교육을 도입할 수 있다. 2015 개정 교육과정에서 자율활동은 자치적응활동과 창의주제활동 등으로 구성된다. 우리 학교에서는 두 영역 모두에 생태전환교육을 도입하였다. 자치적응활동은 학생회와 연계된 활동으로 학생회가 대의원 회의로, 대의원 회의가 학급자치 회의로 이어지는 활동으로 생태전환교육 실천 활동을 진행하였다. 이에 관해서는 이 책의 다른 부분에서 기술되고 있으므로 여기서는 나머지 특색 창체 활동으로서 생태전환교육을 소개하고자 한다.

우리 학교의 창의주제 활동은 3학년을 대상으로 보건 교사와 진로상담 교사가 진행하였다. 보건 교사 진행 시간에는 환경호르몬, 미세먼지 등의 환경 요소와 바른 먹거리에 대한 교육으로 생태전환교육이 이루어졌다. 진로상담 교사가 진행하는 시간에는 미래 직업군을 살펴보고 환경과 관련된 이색 직업을 소개하였다. 해양수산 관련 직업이나 원예 치료와 관련된 직업을 탐색해보고, 미래에 생길 수 있는 환경 관련 직업을 상상하는 시간도 가졌다.

차시	보건교육 연계	진로교육 연계
	주제	주제
1	보이지 않는 적, 환경호르몬	미래 직업군 살펴보기
2	미세먼지의 공격	환경과 관련된 이색 직업 소개하기
3	흡연과 환경	해양수산 관련 직업 탐색하기
4	약물의 올바른 복용과 남은 약물 처리	원예 치료사 직업 탐색하기
5	건강한 먹거리와 환경	체험: 토피어리 만들기

또 하나의 특징적인 창체활동으로는 과학한마당 행사를 생태전환교육으로 실시하였다는 것이다. 생태환경 달력 만들기, 환경보전 상상화 그리기, 생태전환교육 만화 그리기, 지구환경 큐브 만들기, 생태전환교육 기사로 생태환경 신문 만들기, 생태전환교육 도서 읽고 독후감 쓰기 등 다양한 대회가 열렸다. 환경보전 상상화 우수작은 일상의 생태활동을 기록하는 생태교육 노트의 표지로 만들어 전교생에게 배부하였다. 과학 토론 주제도 재미있었다. 코로나19 장기화에 따른 플라스틱 환경오염 문제를 제시하고 이 문제와 관련 있는 물건을 판매하는 기업 담당자가 되어 환경 사회적 문제와 과학기술을 연결한 해결방안을 제시하라는 것이었다. 또한 이를 바탕으로 ESG 요소를 반영한 새로운 대체품에 대해 클라우딩 펀딩을 받는다고 가정하고 홍보 전략을 제시하라는 것이다. 상당히 융합적이고 어렵게

느껴질 수도 있는 고등학교 수준의 문제가 아니냐고 과학과 선생님들에게 물었더니, 이미 학생들이 관련 수업을 많이 받아 중학교 수준으로도 충분히 답변할 수 있었다고 한다. 이와 같이 학교마다 기존에 있던 과학 행사, 독후감 행사 등의 주제를 생태전환교육으로 실시해보는 것도 의미 있을 것이다.

친환경 에너지 수호를 위한 과학한마당

우리 학교는 과학은 물론 문화예술 창체활동까지 생태전환교육을 연계하는 교육실험을 시도하였다. 협력종합예술과 학교축제에도 생태전환교육을 도입한 것이다. 우리 학교는 2학년 학생 전체가 협력종합예술활동인 연극을 무대에 올리기 위하여 1년 동안 역할을 분담하여 참여한다. 생태전환 관련 도서를 선정하여 책을 읽고, 반별로 주제를 정하여 대본을 쓴다. '패션의 양면성(패스트 패션)', '미래 is Black(기후위기)', '공장 탈출기(동물권)', '지구의 마지막 희망(식량 위기)', '쓰레기 마왕과 용사단(쓰레기 문제)', '잃어버린 전기를 찾아서(에너지절약)' 등이 각반의 학생들이 선택한 주제로 만든 연극 제목이다. 앞에서 언급했듯이 생태 협력종합예술은 마을예술강사의 전문 지도가 이루어지는 마을연계 활동이기도 하다. 우수작은 학교 축제인 단풍제에 오르게 된다. 축제에서는 학생들이 생태전환 가요제를 통해 복면을 쓰고 생태를 주제로 가사를 바꾼 노래를 선보인다. 축제의 중간중간 그동안 받은 생태전환교육 관련 퀴즈도 도입된다. 이 모든 프로그램이 학생들이 직접 기획한 것이었다. 그렇기에 학생들의 열광 속에서 생태전환교육 연계 학교 축제가 진행될 수밖에 없었다.

축제 일정과 오디션 교내 포스터

복면가왕 생태가요제

창의적 체험활동의 또 다른 영역인 봉사활동은 학교 주관 활동과 개인 활동으로 나뉜다. 그러나 코로나19 상황으로 인해 학교 주관 봉사활동과 개인 봉사활동 모두 하기 어려운 사태가 되었다. 이에 우리 학교에서는 동아리 활동과 연계한 봉사활동을 진행하였다. '플로깅 동대문 한 바퀴'라는 이름으로 마을을 돌며 마을을 익히면서 플로깅 활동을 통해 환경정화 활동을 하였다. 그 외 학생회 토론을 통해 '초록 시장' 열기 제안도 있었다. 학교 텃밭에서 거둔 채소로 음식을 만들거나, 교내에서 판매하여 만든 음식, 또는 수익금을 마을의 독거노인이나 기초생활수급자 등에게 드리자는 것이다. 학생들에게 직접 생태전환 관련 봉사활동 아이디어를 내도록 토론 시간을 주면 참신한 활동들을 많이 기획할 수 있을 것이다.

봉사활동 - 플로깅 동대문 한 바퀴

생태시민육성을 위한 특색 동아리 프로그램

특색 동아리

창의적 체험활동 중 가장 대표적인 활동이 동아리 활동이다. 동아리 활동을 통해 생태시민 육성 프로그램을 운영하면 자발성 면에서 효과가 크다. 관심 분야가 같은 학생들이 모여 한 방향으로 움직이기가 훨씬 수월하기 때문이다. 우리 학교는 생태전환교육을 연구하기 전부터 학교 비전에 따라 특색 동아리를 운영하고 있었다. 세바 체인지 메이커반, 푸르너스 마음풀반, 국제문화교류반이 이에 해당한다. 이 세 동아리는 창체 동아리이면서 평상시에도 활동이 꾸준히 이어지는 자율 동아리이다. 이 특색 동아리 활동의 주제로 생태전환교육을 연계하였다. 그 외에도 기존에 있었던 동아리 중 몇 개 반을 생태전환교육 특색 동아리로 전환하였다. 녹색성장반, 에너지 수호 천사단, 생태텃밭 가꾸기반, 그린 리더반이 추가된 생태전환교육 특색 동아리이다. 나머지 일반 동아리에서도 생태전환교육을 부분적으로 반영하여 운영하였다.

국제문화교류반

이 글에서는 먼저 생태전환교육 연구학교 이전부터 운영하던 우리 학교 특색 동아리 중 국제문화교류반을 소개하고자 한다. 세바 체이지 메이커 반은 '체인지 메이커 - 교복 입은 생태시민' 부분에서, 푸르너스 마음풀반은 '마음풀 교실 - 생태전환교육의 씨앗' 부분에서 자세히 설명되므로 여기서는 생략한다. 국제문화교류반은 줌 등을 통해 외국 학교 학생들과 영어로 소통하며 세계시민으로서 국제적인 마인드를 키우는 활동을 한다. 그동안 대만 격치중, 푸허중, 중화중 학생들과 교류하며 여러 활동을 진행하였는데 그중 'Green Life: Zero-waste Life' 프로젝트가 대표적 활동이다. 일주

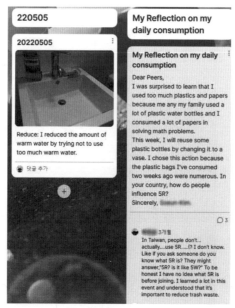

Zero-waste Life Project

일간 자신의 쓰레기 배출량을 조사한 후 5R(Refuse, Reduce, Reuse, Repair, Recycle)
의 방법으로 제로 웨이스트 삶을 실천하여 활동 내용을 온라인으로 공유
하였다. 그 외에도 동아리 회원 각자가 UN 대표가 되어 기후변화 협상단
으로 활동하는 세계 기후 게임 등 다양한 생태전환교육 활동을 하였다.

녹색성장반

녹색성장반은 기후위기에 대응하고 자연과 인간의 공존을 향하는 녹색
성장 리더 기르기를 목표로 조성한 동아리이다. 비점오염원 정렬망을 이용
한 수질오염 예방 보드게임, 탄소중립 실현 가상 부루마블 게임 등을 하며
오염과 탄소중립에 관해 탐구하였다. 또한, 우리 학교의 교정에 사는 식물
지도 그리기, 증강현실로 알아보는 기후변화, 미세먼지와 건강의 관계 등의
탐색도 함께 해보았다. 고등학교 같은 경우 녹색성장을 ESG와 관련된 경
제 측면에서 집중적으로 탐구하면 좋을 듯하다.

수질오염 예방 보드게임

생태텃밭 가꾸기반

생태텃밭 가꾸기반은 텃밭을 가꾼 경험이 있으신 선생님께서 관심 있는 학생을 모아 시작되었다. 학교 내 특별히 가꿈을 하지 않고 있는 작은 땅을 개간하여 텃밭으로 만들었다. 말 그대로 흙을 파고 돌들을 덜어내고 비옥한 흙을 보충하여 텃밭을 만든 것이다. 텃밭 만들기부터 학생들이 함께하여 내 텃밭이라는 주인의식이 강해졌다. 자신의 텃밭에 모종을 심고 가꾸는 과정에서 학생들의 식물에 대한 애정도 무척 커졌다. 작은 도시 농부들을 만든 동아리 활동이었다.

모종 심기

그린 리더반

그린 리더반은 예전의 선도부가 탈바꿈한 동아리이다. 예전처럼 교문 앞에서 교복 입지 않은 학생을 이름 적는 선도부 대신에 캠페인으로 교문 맞이를 하는 그린 리더반이 되었다. 예를 들어, 그린 데이가 되면 초록색 소품을 착용하고 학교에 오는데 이때는 그린 리더반도 초록색 커다란 리본과 기후위기 대처 피켓을 들고 학생들을 맞이한다. 즐거운 음악 준비도 그린 리더반의 몫이다. 그 외에도 자원재활용 캠페인, 금연 캠페인을 통하여 아이디어 넘치는 소품 준비로 아침 교문 맞이 행사를 하였다.

그린 데이 교문 맞이

일반 동아리 생태전환교육 연계 활동

에너지 수호천사단, 플로깅 동대문 한 바퀴 등의 생태전환교육 특별동아리는 이 책의 다른 분야에서 다루고 있으므로 이제 일반 동아리 활동에 관해서도 이야기하겠다. 일반 동아리들도 각각의 아이디어로 생태전환교육에 참여했다. 방송반은 환경보호 도안을 입힌 다회용 머그잔을 제작하고 제작과정을 영상으로 편집하였다. 생활 문화 체험반은 학교에서 열린 감을 따 감말랭이 친환경 먹거리를 만들고 마을의 산을 방문하여 도롱뇽

알을 관찰 탐구하였다. 사진반은 자연의 아름다움이 담긴 사진전을 관람하고 마을 자연 속으로 출사를 나갔다. 역사 영상반은 조선 전기 과학발전에 대한 영상을 보고 역사적 상상력을 발휘하여 세종과 장영실의 기후위기 대처방안을 2컷 만화로 표현하였다.

컬러링북 제작반은 생태환경 관련 컬러링북 도안을 골라서 채색하며 자연의 아름다움을 느끼고 자연보호 의지를 다졌다. 도서 탐구반은 숲속 도서관을 직접 방문하고 생태전환교육 관련 도서를 찾아 읽으며 독서 활동의 영역을 확대했다. 수공예반에서는 화학물질이 들어간 일회용 핫팩 대신 천연재료 팥을 사용한 다회용 손난로, 천연 비누, 업사이클링 타일 컵받침과 키링 등을 만들었다. 시화반은 계절의 변화를 느끼며 계절에 해당하는 시화 작품을 만들었다. 색연필 일러스트반은 자연을 관찰하고 특징을 포착하여 일러스트로 표현했다. 책동아리인 '책말어사'는 생태 관련 도서를 소개하는 북큐레이션 활동을 진행하고, '돗자리 깔고 책크닉' 동아리는 생태 도서를 읽고 학생이 퀴즈를 만들었으며 9월 22일 차 없는 날에 걸어 다니기 캠페인 등을 하였다.

일반 동아리의 활동에서도 창의적인 활동이 무궁무진함을 알 수 있다. 일반 동아리들도 생태전환교육 특별동아리 못지않게 많은 생태전환교육 활동을 한 것이다. 교과, 자유학기 활동, 창체활동 그 어느 영역도 생태전환교육을 도입 못 할 영역이 없다. 교과 간 연계, 교과와 창체활동 간의 연계, 창체활동 영역 간의 연계도 활발히 이루어졌다. 학생의 자발성이 이 모든 성과를 이루었지만 그런 학생의 자발성을 모아내는 힘이 교사의 역량이다. 그만큼 교사의 준비와 지도가 있었기에 가능한 일이다. 교사가 생태전환교육을 하려는 의지만 있다면 교육의 생태적 전환은 그 어떤 어려움에도 불구하고 가능하다. 여기서 교사의 어려움을 제거해주고 교사의 교육활동을 지원해주는 것, 생태전환교육의 분위기를 조성하는 것이 교육정책의 역할이 될 것이다. 교육정책의 변화를 기대하며 2장의 교과와 창의적 체험활동 모든 영역에 도입한 우리 학교 생태전환교육 사례를 마무리 짓는다. 이제 3장에서는 생태전환교육으로 변화된 학교 문화, 그리고 일상의 생태적 전환을 위한 우리의 노력을 소개하려 한다.

3장

바꿔보자

– 일상을 생태적으로 전환하기

교원학습공동체? 교원실천공동체!

교원실천공동체의 조직

생태전환교육은 모든 교육이 그렇듯 교사, 학생, 학부모·지역사회라는 세 주체가 엇물려 돌아가는 톱니바퀴처럼 협력해야 제대로 운영할 수 있다. 모든 주체의 역량이 필요하지만, 교육의 디자인이라는 측면에서 교사의 역량은 무엇보다 중요하다. 그래서 교사 역량 강화 활동은 '교사 연수'라는 이름으로 다양하게 이루어지고 있다. 특히 최근에는 교원의 자발적 역량 강화를 강조하면서 '교원학습공동체', '전문적 교원학습공동체', '배움의 공동체' 등의 이름으로 학습공동체가 활성화되고 있다. 거의 모든 학교에 학습공동체가 존재하고, 학교 간 학습공동체도 교육청의 지원을 받으며 다양화되어가고 있다.

학습공동체(learning community)는 이름 그대로 '학습'과 '공동체'를 강조한다. 사회가 빠른 속도로 변화함에 따른 교육과정의 변화, 교사와는 다른 신세대 학습자의 특성과 미래 사회를 대비하는 스마트 디지털 학습 환경으로의 변화는 교사에게 계속하여 학습을 요구한다. 옛날처럼 한 개 반 수업을 구상하면 다른 반들에 그대로 여러 번 반복하여 적용하는 수업은 불가능하다. 우선 학생 수가 줄면서 학급 수가 줄었고, 다양한 과목의 도입으로 교사 한 명이 2~3개의 학년 또는 과목을 가르쳐야 하는 상황이다. 동일 학년 동일 교과 수업도 각 반의 학습 분위기에 따라 변주된 수업을 해야 학습 효과를 높일 수 있다. 이런 상황에서 교사들은 매년 학습을 계속해야 한다. 개인적인 학습도 의미 있지만, 학교 현장에서 공동체로 학습하면 그 효과성은 훨씬 높아진다. 내가 참고해야 할 학급 구성원의 정보, 우리 학교 환경에 맞는 디지털 수업에 대한 정보 등 다양한 현장 맞춤형 정보를 동료 선생님들과 함께 공유할 수 있기 때문이다.

우리 학교는 이 학습공동체를 실천공동체로 운영하기로 하였다. 실천공동체(Community of Practice)는 일터 학습 분야에서 주목받고 있는 개념으로 일터 안의 문제 또는 주제를 인식하고 해결 및 실천 방안을 도출할 뿐만 아니라 실행으로 이어지게 만드는 공동체이다. 문제 또는 주제의 해결 및 실천 방안을 도출하는 과정에서 공동 학습이 이루어진다는 점이 학습공동체와 맥락을 같이한다. 그러나 실천공동체는 학습공동체를 통한 학습에서 더 나아가 공동체적 차원의 실행과 실천을 강조한다는 차이가 있다.[11] 학교 현장에서는 학습공동체와 실천공동체의 개념이 혼용되어 사용되고 있지만, 중요한 것은 어떤 용어로 불리든 앎에서 머무르지 않고 교육 실천을 통해 혁신을 도모하는 행동력을 수반해야 된다는 것이다.

---

11 심지영(2016). 중등학교장의 임파워링 리더십, 학교의 조직혁신풍토, 그리고 교사의 조직몰입, 무형식학습, 혁신행동 간의 구조적 관계. 박사학위논문.

우리 학교에는 여섯 개의 교원학습공동체가 있는데 그중 두 개를 생태전환교육 관련 교원실천공동체로 운영하였다. '생태전환교육 연구회' 실천공동체와 '함께 해요, 수업연구' 실천공동체가 그것이다.

'생태전환교육 연구회' 실천공동체는 우리 학교를 생태전환교육 연구학교로 운영하는 핵심 동력이다. 이들은 '생태전환교육 연구회' 회원이라는 자율조직에 속하면서 동시에 우리 학교 '생태전환교육 TF팀'이라는 공식 조직에 속한다. 자율조직과 공식 조직이 반드시 일치하기는 어려운데, 이는 우리 학교의 연구학교 운영 방법이 독특하여 가능했다. 연구학교의 운영 시에는 일정 인원에게 가산점이 주어지고 이는 승진에 반영되지만, 당시 우리 학교에는 가산점이 당장 필요한 교사가 아무도 없었다. 이에 가산점이라는 외적 동기보다 생태전환교육의 필요성에 대한 동의에서 오는 내적동기에 기대기 위해 자발적으로 TF팀에 참가하고자 하는 교사의 신청을 받았다. 따라서 '생태전환교육 연구회'라는 자발적 조직과 '생태전환교육 TF팀'이라는 공식 조직이 일치하게 되었다.

'생태전환교육 연구회'의 실천공동체로서 공동 주제는 생태전환교육의 학교 현장 안착 방안과 지역사회 및 다른 학교들과의 공유 방안이다. 학교 현장 안착 방안으로서 수업모형, 주제선택 프로그램, 동아리 활동 프로그램, 학급 활동 프로그램을 개발하고 운영지원을 하는 방안을 연구하고 실행한다. 또, 역할을 분담하여 연구하면서 각자의 활동을 공유하고 이끌어 간다. 우리 학교의 경우 모든 교사가 운영에 참여하기에 실천공동체 회원은 이를 선도하고 결과물을 모아 공유하는 역할을 한다. 생태전환 관련 기념일에 계기 교육 자료를 제작하여 배포하고, 의식개선 독서 나눔 활동 등 전 교직원 생태전환교육 역량 함양 교육을 기획하는 것도 연구회의 역할이다. 보고회 운영과 학교 홈페이지를 통한 공유 작업도 연구회를 통해 이루어진다.

또 다른 생태전환교육 실천공동체인 '함께 해요, 수업 연구'팀은 우리 학교 생태전환교육의 핵심인 교과를 통한 생태전환교육 방안 연구가 그 목적이다. 교사의 전문성은 그 무엇보다도 교과 수업 전문성으로 나타난다. 따라서 모든 학교에서는 매년 연구수업을 의무적으로 실시하고 있다. 우리 학교는 모든 연구수업의 주제를 생태전환교육으로 정하였다. 생태전환교육 연구수업을 하는 교사들을 중심으로 이루어진 실천공동체가 바로 '함께 해요, 수업 연구' 팀이다.

마침 우리 학교에는 수석교사가 있어서 '함께 해요, 수업 연구' 실천공동체를 수석교사의 전문적 컨설팅 지도를 통해 효율적이고 효과적으로 운영할 수 있었다. 사실 '함께 해요, 수업 연구' 팀은 연구학교 운영 전부터 수업 혁신을 위한 실천공동체로 활동해왔다. 2020년 코로나19로 모든 학교가 원격수업으로 전환되었을 때 우리 학교가 빠르게 원격수업에 적응할 수 있었던 것도 '함께 해요, 수업 연구' 팀 덕분이다. '함께 해요, 수업 연구'팀은 스마트 기기를 교육에 활용하는 방안을 연구하고 전체 교사와 공유하였다. 직접 촬영한 수업 영상을 앱으로 편집한 사례, 질문 카드를 통해 출석을 확인한 사례, 오피스 365 수업 녹화 사례, 구글 클래스룸을 통한 수시 채점과 즉각적인 피드백 사례, 무료 웹 디자인 플랫폼 정보 공유와 수업 활동 이용방법 사례 등 다양한 사례가 개발되고 공유되었다.

스마트 기기 수업 활용법 공유를 통해 얻은 지식을 생태전환교육에 적용하며 이를 바탕으로 '함께 해요, 수업 연구' 팀은 생태전환교육 수업 방법을 연구하였다. 연구학교 1차 연도에는 교과별로 생태전환교육 수업을 고안하는 지침에 따라 교과별 성취기준을 분석하며 생태전환교육을 반영한 수업 도입에 초점을 두었다. 2차 연도에는 생태전환교육 주제를 중심으로 하는 교과 간 주제 연계 수업 개발을 목표로 '함께 해요, 수업 연구' 실천공동체가 움직였다. 이에 따라 연구수업 교사뿐만 아니라 교과 간 연계를 함께 하는 교사들도 참여하게 되었다. 그러다 보니 연구수업의 모습도 달라졌다. 예를 들어 사회과 연구수업 시간에 사회과 교사들만 참관하는 것이 아니라 동 학년 미술 교사, 진로 교사, 한문 교사도 함께 수업을 참관하고 그 결과를 참조하여 수업을 연구하는 것이다. 이를 통해 똑같은 학생들이 교과 시간과 활동 방법에 따라 참여도가 달라지는 것에 대한 관찰도 자연스럽게 이루어진다는 부수적 효과도 얻을 수 있었다.

이처럼 학습공동체를 실천공동체로 운영함으로써 생태전환교육을 우리 학교에 효과적으로 적용할 수 있었을 뿐만 아니라 교사의 일상인 교육활동을 생태적으로 전환할 수 있었다. 생태의 핵심 개념은 주체 간의 유기적 연계라는 점에서 실천공동체는 교사 간 연계와 교과 간 연계, 그리고 교사들의 일상 교육활동 연계를 이루었기 때문이다. 이러한 연계를 위해서는 교사들이 자주 만나야 한다. 그런데 실천공동체 운영의 가장 큰 난관이 함께 모일 시간이 부족하다는 것이다. 이는 두 가지 방법으로 해소하였다. 우선 수업이 일찍 끝나는 날을 교원학습공동체의 날로 정하는 것이다. 우리 학교의 경우 수요일 중 매달 둘째, 넷째 수요일 오후가 교원학습공동체의 날이다. 하지만 이것만으로는 시간이 부족하여 회원 간 겹치는 공강 시간을 실천공동체 소모임으로 활용하였다. 요즘은 블록수업과 외부 강사

팀티칭, 소규모 분반 수업 등으로 시간표 작성 시에 교원학습공동체를 위한 공통의 공강 시간을 확보하기 매우 어렵다. 하지만 주어진 시간표 내에서도 3~4명의 공통 공강 시간은 찾을 수 있다. 이 시간을 이용하여 같은 학년이나 같은 주제별로 실천공동체 회원들이 소모임을 가지도록 했다. 이렇게 실천공동체 내 소모임을 통해 실천공동체를 운영하는 것도 현실적인 실천공동체 운영 팁이 될 것이다.

전 교직원 생태전환 독서 나눔

독서 나눔의 날

    교육의 질은 교사의 질을 넘지 못한다. 흔한 말이지만 교육 현장을 보면 사실로 증명되는 명제이다. 많은 교육정책이 그 교육적 의의와 중요성에도 불구하고 하향식(top-down)으로 시행되면서 막상 교실 현장에서는 그전의 교육방식과 큰 차이 없이 뭉그러져 실행됐다. 이는 교사의 기본적 자질이 부족해서도 아니고, 교육부나 교육청의 정책 홍보가 부족해서도 아니다. 그저 정책이 교사에게 내면화되지 않았기 때문이다.

    생태전환교육 역시 교사가 자신의 것으로 받아들이지 않으면 구현될 수 없다. 그렇다면 그 방법은 무엇일까가 우리의 고민이었다. 교원실천공동체인 '생태전환교육 연구회'를 중심으로 이러한 고민의 해결이 차근차근 이루어졌다. 구성주의적 관점에서 앎이란 개인이 자기 경험을 바탕으로 주어진 사회현상에 대한 해석을 계속해나가는 과정을 통해 촘촘히 구성되어 가는 것이다. 그렇다면 생태전환교육을 위한 교사 연수 역시 생태전환교육에 관한 지식을 전달하는 것도 중요하지만 그보다는 각자 스스로 생태전환교육이 무엇인지 알아가도록 자극하는 과정이어야 한다는 것이 우리의 결론이었다.

생태전환교육에 대한 관심의 자극으로서 우리가 선택한 것은 독서 나눔이었다. 한 달에 한 번씩 전 교직원 연수를 할 때 5분에서 10분 사이로 생태전환교육에 관해 읽은 책의 내용을 공유하는 것이다. 지금은 생태전환교육 관련 도서들을 많이 발견할 수 있고, 학생들을 위한 도서들도 찾아보면 꽤 많이 발간되어 있다. 하지만 우리가 생태전환교육 연구학교를 시작할 당시만 해도 관련 책들이 별로 눈에 잘 띄지 않는 상태였다. 그래서 '생태전환교육 연구회' 교원실천공동체가 생태전환교육 도서 목록을 만들어서 전 교직원과 목록을 공유하였다. 그리고 부서별로 작은 서가를 꾸며 목록에 있는 책을 구매하여 배치하였다. 이렇게 전 교직원이 생태전환교육 독서를 함께하며 관련된 생각들을 나눌 수 있는 인프라를 구축한 것이다.

부서별로 생태전환교육 도서 서가를 배치한 것이 인프라 구축이라면, '생태전환교육 독서 나눔의 날'은 시스템 구축에 해당한다. 한 달에 한 번씩 '생태전환교육 독서 나눔의 날'을 지정하여 정기적으로 운영함으로써 시스템화하는 것이다. 이달의 생태전환교육 도서는 미리 공지된다. '생태전환교육 연구회' 교원실천공동체 소속 교사들이 스스로 읽고 싶은 관련 도서를 선정하는 것이므로 일반적으로 교사들이 관심을 둘 만한 책이 선정된다.

미리 선정된 책을 읽어보면 좋지만, 학교 업무에 바쁘다 보니 못 읽는 교사들이 많은 것도 사실이다. 그래서 '생태전환교육 연구회'에서 그 책을 선정한 교사가 짧게 책 내용을 소개하고 관련 퀴즈도 낸다. '생태전환교육 연구회' 교사들이 일종의 책 큐레이터가 되는 셈이다. 책 소개를 들으면서 교사 스스로 책을 읽고 수업에 적용할 마음이 생기기도 한다. 시간이 가면서 소개받은 책을 학생들과 함께 읽을 책으로 선정하여 그 책으로 학생 교육을 하는 교사들이 생겨났다. 이렇게 '생태전환교육 독서 나눔의 날'은 우리 학교 특색활동으로 자리 잡아갔다.

교직원 생태전환교육 독서 나눔의 날

수업 방법 나눔과 가치소비로 확장

교사들의 아이디어는 참신하고 전파력이 높다. '생태전환교육 연구회' 교원실천공동체의 아이디어로 시작된 '생태전환교육 독서 나눔의 날'은 우리 학교 교사들의 열띤 호응을 받았다. 교사들에게 생태전환교육이 무엇인지 생각하게 만드는 유쾌한 자극제라는 본 목적의 성취 외에도 다른 부수적인 효과도 보이게 되었다.

우선, 수업 방법 나눔의 효과가 생겼다. 교원실천공동체는 짧게 책 소개를 하고 퀴즈를 내면서 다양한 에듀테크 도구를 활용하였다. 파워포인트 프리젠테이션은 기본이고 프레지를 활용하거나 카드 뉴스를 보여주기도 했다. 직접 제작한 동영상을 보여주기도 했고, '잼보드'나 '패들렛' 같은 협업 도구를 사용해서 청중의 의견을 공유하기도 했다. 생태전환교육 하면 생각나는 단어를 청중에게 온라인으로 제시하게 하여 워드 클라우드 방식으로 모아 보여주는 '멘티미터'라는 도구를 사용하는 때도 있었다.

생태전환교육 도서 관련 퀴즈를 내는 모습도 새로웠다. QR코드를 휴대전화로 찍어 들어가면 온라인으로 구글 설문지에 작성된 퀴즈로 연결된다. 청중 각자가 휴대전화에서 답을 하면 문제를 내는 교사는 역시 휴대전화로 누가 퀴즈에 참가하는지, 각자의 점수는 얼마인지 확인하고 피드백을 준다. 응답한 통계를 막대그래프 형태로 스크린을 통해 보여줄 때도 있다. '띵커벨'이라는 도구를 사용하여 퀴즈를 내기도 했다. 퀴즈를 푸는 시간을 제한하기 위하여 타이머를 스크린 보드에 띄워놓는 일도 있었다. 퀴즈에 응답할 기회를 골고루 배분하기 위해 컴퓨터로 룰렛을 돌리는 것도 모두 재미있어했다. 이렇게 독서 나눔의 방법을 보면서 청중 교사들은 발표 교사가 수업 시간에 어떻게 에듀테크 수업 도구를 활용할지 짐작할 수 있었다. 교사들은 여기서 아이디어를 얻어 자신의 수업에 적용하기도 하고, 관련 에듀테크 도구 사용법 연수를 받기도 했다.

'생태전환교육 독서 나눔의 날'은 횟수가 거듭될수록 다양한 방법과 재미있는 방식으로 책 소개를 이어왔다. 2년 차가 되자 단순한 책 소개와 퀴즈를 넘어서서 발표하는 교사들이 적용의 방안을 제시하기 시작했다. 관련 내용을 자신의 교과 시간에 적용할 것이라며 그 방식을 간단히 소개하기도 했고, 책에서 나온 '달마다 한 가지씩 실천할 지구를 지키는 법'을 가정에 게시하면 좋겠다는 제안도 있었다. 새로운 앎을 새로운 실천으로 연계하는 모습이 감동적이었다.

'생태전환교육 독서 나눔의 날'의 또 다른 부수적 효과는 가치소비에 대한 인식 제고였다. 학생들과 마찬가지로 교사들에게도 좀 더 재미있고 참여율을 높이는 연수가 필요했다. '생태전환교육 연구회'는 이를 고민하면서 친환경 제품을 퀴즈 상품으로 주자는 아이디어가 나왔다. 예를 들어 튜브형 치약은 분리수거가 어렵다는 점에서 친환경으로 나오는 고체형 치약을 퀴즈 정답자 몇 명에게 상품으로 주는 것이다. 상품을 받은 사람은 이를 사용하고 사용 후기를 공유한다. 과연 친환경 제품이 본래의 용도에 충실하고 사용하면서 큰 어려움은 없는지, 완전히 일상의 대체재로 사용할 수 있는지가 검토된다. 이를 통해 우리의 가치소비 의식을 높이는 것이다.

플라스틱 샴푸 통을 없앨 수 있는 고체 샴푸 바, 플라스틱 빨대 대신 쓰는 유리 빨대, 식물 수세미로 만든 부엌용 수세미, 고기 대신 콩으로 만든 대체 소시지, 비건 젤리 등이 상품으로 제시되었다. 이 역시 생태전환교육 책을 소개하는 교원실천공동체 교사가 상품을 선정하므로 회마다 상품이 달라진다. 여기서 반응이 좋은 상품은 학생 시상 때도 사용되었다.

물론 독서 나눔 활동 외에도 학교 나무에 새들이 모일 수 있도록 하는 새집 만들기, 자원 업사이클링인 양말목 뜨기, 1교사 1반려식물로 테라리움 만들기 등의 활동과 생태전환교육 강의 등 다양한 생태전환교육 교사 연수가 우리 학교에서 진행되었다. 하지만 가장 호응이 좋으면서 생태전환교육을 내면화할 수 있었던 교사 연수는 생태전환교육 독서 나눔이었다. 책에서 얻은 지식을 공유하는 교사 연수를 통해 가치소비로 이어지고, 이를 수업 방법 나눔과 학생 교과 지도, 생활교육과 연계하는 등 우리의 모든 활동은 지속해서 연계를 반복하는 생태적 모습을 띠게 되었다.

가정도 함께 – 학부모 생태전환 실천공동체

학부모 자율 동아리를 실천공동체로

생태전환교육을 활성화하기 위해서는 교육 주체들이 서로 협력해야만 한다. 학생 교육이 가정교육과 발맞추어가야 한다는 것은 누구나 인정하는 사실이다. 그래서 우리 학교도 가정과 함께 생태전환교육을 실시할 방법들을 고민했다. 교원 실천공동체인 '생태전환교육 연구회'는 학부모 참여 방안으로 세 개의 통로를 생각해냈다.

첫째, 학생들을 통해서 프로젝트나 과제 형태로 가정에서 생태전환 실천 노력에 함께 참여하도록 하는 것이다. 가정의 가전제품 에너지효율등급을 학생과 학부모가 함께 조사하면서 안 쓰는 전기 제품 플러그를 뽑는 활동 등이 그 예가 될 수 있다. 둘째, 가정통신문 등을 통해 학부모 계기 교육을 시행하는 것이다. 세계 물의 날, 세계 기상의 날, 지구의 날, 세계 환경의 날, 푸른 하늘의 날, 오존층 보호의 날, 아무것도 사지 않는 날 등 생태전환교육 관련 기념일을 가정통신문을 통해 홍보하는 방법이다. 우리 학교는 기념일을 홍보하며 기후위기의 심각성과 지속가능한 미래를 위한 실천 활동을 알리어 전체 학생과 학부모의 참여를 독려하였다. 마지막 하나는 교원 실천공동체처럼 학부모 실천공동체를 통해 생태전환교육을 위한 학부모 역량을 함양하는 방안이다. 학부모 실천공동체는 가장 영향력 있는 학부모 공동체가 되어 학교와 전체 학부모를 잇는 징검다리 구실을 한다. 학부모 실천공동체를 운영함으로써 함께 생태전환교육을 구현하는 교육 연대를 구성할 수 있다.

우리 학교의 학부모 생태전환 실천공동체의 전신(前身)은 앞에서 소개한 실내 생태체험교실 '마음풀'을 함께 운영하던 학부모 자율 동아리 '꽃과 나'이다. 생태전환교육 연구학교를 시행하기 전부터 운영했던 학부모 자율 동아리 '꽃과 나'를 학부모 생태전환 실천공동체로 전환하기로 하였다. 자율 동아리였을 때 '꽃과 나'는 '마음풀' 교실 운영 지원과 식물 관련 체험프로그램 위주로 운영되는 학부모 평생교육 학습동아리였다. 이를 생태전환교육 실천공동체로 전환하면서 기후위기에 대한 인식을 높여 기후 대응 행동을 고민하고 실천하는 주체적 학부모 공동체의 역할을 하게 되었다.

생태전환교육 연구학교 1차 연도에는 학부모 실천공동체로 '꽃과 나' 외에도 '학부모 에너지 수호 천사단'이라는 또 하나의 실천공동체도 구성하였다. 에너지 수호 천사단은 서울시에서 에너지절약 문화를 확산하기 위해 초·중·고 학생들을 대상으로 조직한 단체로 학부모와 교사에 대한 지원도 하고 있다. 우리 학교에서는 학생 에너지 수호 천사단을 확장하여 학부모 에너지 수호 천사단까지 조직한 것이다. 학부모 에너지 수호 천사단을 중심으로 가정에서 지킬 수 있는 에너지절약 방법을 전파하고 학교에 모여 기후위기와 에너지에 대한 교육도 시행하였다.

'꽃과 나'와 '학부모 에너지 수호 천사단' 두 개의 학부모 실천공동체는 생태전환교육을 전파하고 내실화하는 역할을 하였다. 실천공동체 활동을 통해 학부모들은 기후위기에 대해 자각하게 되었고, 학교에서 학생들을 대상으로 벌이는 다양한 생태전환교육이 어떻게 이루어지고 있으며 왜 이런 교육을 강조하는지 이해할 수 있었다. 이를 통해 학생들은 학교에서 배운 생태전환교육을 가정에서 실천하기가 좀 더 쉬워졌다.

학부모 참여의 실제

생태전환교육 연구학교 1차 연도를 '꽃과 나'와 '학부모 에너지 수호 천사단' 두 개의 학부모 실천공동체로 실시해보니, 약간의 문제점이 발견되었다. 우리 학교는 맞벌이 부부가 많아 학교 교육에 참여할 수 있는 학부모 수가 한정되어 있다는 점이었다. 그러다 보니 두 개의 실천공동체 참여 회원이 많이 겹친다는 것이 발견되었고, 참여 학부모 중에는 학교 프로그램에 여러 번 참여하기 부담스러워하는 분들도 계셨다.

이에 2차 연도에는 두 개의 실천공동체를 통합하여 '꽃과 나' 생태전환교육 실천공동체로 운영하게 되었다. 그렇다고 '학부모 에너지 수호 천사단'을 완전히 없앤 것은 아니다. 학교에서 전교생 학부모에게 가정통신문을 배부하여 '학부모 에너지 수호 천사단'을 모집하였다. 그리고 운영은 서울시에서 주최하는 프로그램에 연계하는 형태로 진행하였다. '학부모 에너지 수호 천사단'의 주요 활동은 가정에서 에너지절약을 실천하는 것이다. 이들은 모두 에코마일리지 회원에 가입하여 매월 자기 가정의 에너지 사용량을 확인하였다. 이전 연도의 같은 기간보다 절약실적이 우수하면 마일리지 보상을 받는다.

'학부모 에너지 수호 천사단'은 이처럼 가정 실천 활동을 위주로 하고, 학교 자체에서 직접 운영하는 프로그램은 '꽃과 나' 실천공동체로만 통합하였다. 이를 통해 학부모의 이중 참여 부담감과 학교 교사의 학부모 교육 지원을 위한 실무적 부담감을 낮추면서 효과적인 학부모 역량 강화가 가능하였다. '꽃과 나' 학부모 실천공동체는 '마음풀' 교실 운영 시기부터 학부모의 주체적 운영이 문화로 자리를 잡아가고 있었다. 매년 신청을 받기 때문에 학부모 구성원이 바뀌어도 학부모들의 적극적 참여가 공동체 풍토로 이어졌다. 그렇다고 교사의 손길이 가지 않는 것은 아니다. 학교에서 이루어지고 예산이 학교 회계 시스템을 거쳐 운영되다 보니, 교사가 지출 품의를 올려야 하는 등 여러 행정적 지원이 필요하다. 내용상으로도 생태전환교육과 연계되도록 프로그램의 방향을 결정하기 위해서는 아직 생태전환교육에 생소해하는 학부모들을 교사가 지원할 수밖에 없다. 이 부분은 정책적으로 차차 개선되어가야 할 듯하다.

학부모 실천공동체는 담당 교사와 함께 실천공동체 프로그램을 기획해 나갔다. 기본적으로 기후위기에 대한 인식과 이에 대한 대응의 필요성을 알리는 강의를 포함했다. 나는 학교장으로서 실천공동체가 모일 때마다 인사를 하면서 짧게 우리 학교에서 진행되는 생태전환교육을 소개했다. 생태전환교육에 대한 이해가 깊어지면서 학부모들은 실천공동체 프로그램을 기획하기 시작했다. 가정에서 가장 필요로 하는 생태전환교육이 무엇일까를 학부모 실천공동체가 고민하기 시작한 것이다.

학부모들은 쓰레기 분리배출 방법이 가장 실용적으로 필요한 교육이라는 의견을 냈다. 학부모 기획과 교사들의 지원으로 분리배출과 자원 순환을 위한 전문 강의를 진행하기로 했다. 일명 '쓰레기 박사'로 유명한 강사님

2022학년도 학부모 생태전환교육 연수 신청 안내
(주제: 올바른 쓰레기 분리배출방법 알기)

안녕하세요. 학부모님.

저희 **전일중학교는 생태전환연구학교**로써 학생들과 함께 기후위기, 환경보전 등을 고민하고 더 나은 방향을 위해 다양한 실천방안을 교육하고 있습니다. 이번에 학부모님의 생태전환교육을 위해 강사를 초청하여 학부모 생태전환교육 연수를 운영하게 되었습니다.

학교에 오셔서 생태전환연수 참여를 희망하는 학부모님께서는 **신청 기한내 e-알리미 접속을 통하여 직접 신청**하여 주시기 바라며, 학부모님의 많은 신청바랍니다.

◇ 강의 일시: **2022. 10. 5.(수) 10:00~12:00 (2시간)**
◇ 운영 방법: **강사초청 대면 강의**
◇ 강의 제목: **학부모 생태전환교육 연수 (주제: 올바른 쓰레기 분리배출방법 알기)**
◇ 장   소: **전일중 시청각실**

학부모 생태전환교육 가정통신문

을 모셨다. 이런 식으로 학부모님들이 실천공동체의 모임 내용을 제안하였다. 플로리스트 체험이나 토피어리 만들기, 자투리 천을 이용하는 소잉 아트, 공정무역 커피 바리스타 체험이나 비건 쿠키 만들기 등의 체험학습도 학부모들이 제안한 프로그램이다. 학부모님들은 학교를 위한 활동에도 자발적으로 참여했다. 학생들이 진행하는 프로그램에 지원 협력하며 참여한 것이었다. 학생들과 함께 교내에 있는 나무들에 나무 이름표를 하나씩 달아주며 학교 숲을 교육적으로 조성하고, 학생들이 자신만의 기후 대응 표어를 만들어 전시할 때 학부모 실천공동체도 학부모 기후 대응 표어를 만들어 제시하였다. 이렇게 학부모 생태전환 실천공동체는 우리 학교 생태전환교육의 한 주체로 우뚝 서게 되었다.

체인지 메이커 -교복 입은 생태시민

학생을 생태시민으로

생태전환교육은 생태시민교육이다. 학생을 생태시민으로 육성하는 교육이라는 점에서 그러하다. 생태시민은 자신이 속한 사회를 생태적으로 전환하는 시민이다. 여기서 키워드는 '생태적'과 '전환' 이 두 개의 개념이다. '생태적'이라 함은 인간과 자연뿐만 아니라 인간과 인간 간의 관계까지 포함한 모든 생명의 유기적 연결을 그 전제로 한다. 모든 생명을 평등하게 존중하기에 인간과 자연, 인간과 인간이 공존하고 상생하는 것을 지향한다. '전환'은 패러다임 수준의 변화이다. 변화, 혁신, 전환은 기본적으로 바뀜을 뜻한다. 변화가 긍정적 변화와 부정적 변화를 모두 포함하고 있는 중성적 개념이라면 혁신은 긍정의 의미를 내포하고 있다. 유용한 변화가 혁신이며 개인 차원의 변화와 조직 차원의 변화로 구분할 수 있다. 또한 뉘앙스 면에서도 좀 더 크고 강한 변화를 의미한다. 반면 전환은 패러다임의 전환처럼 기존과는 완전히 다른 상태로의 이행이다. 현상만의 변화가 아니라 사고체계까지의 변화이며 이곳에서 저곳으로, 현 세계에서 신세계로 옮겨가는 것이다.

생태전환교육은 생태적 혁신을 넘어서 전환을 꿈꾸는 교육이다. 사실 너무나 큰 목표이다. 어쨌든 생태전환교육의 방점은 사회의 생태적 전환을 일으킬 수 있는 청소년을 길러내는 데 있다. 이에 우리 학교는 체인지 메이커(change maker) 교육을 생태전환교육의 핵심 교육으로 삼고 있다. 체인지 메이커 교육은 생태전환교육 연구학교를 시작하기 전부터 우리 학교의 특색 교육이었다. 공모 교장으로 우리 학교의 경영계획을 발표하면서 나는 학생 자치를 강조하였고, 실행전략으로 체인지 메이커 교육을 제안하였다. 학생, 교직원, 학부모 모두 이에 동의하였고, 생태전환교육 연구학교를 시작하기 2년 전부터 우리 학교는 체인지 메이커 교육을 안착시켜왔다.

우리 학교에 부임한 첫해는 체인지 메이커 교육에 대한 이해부터 시작했다. 체인지 메이커라는 이름에서 볼 수 있듯 직관적으로 변화 창조자를 위한 교육이라는 이해는 쉽게 할 수 있다. 하지만 교사들이 이를 교육으로 풀어내기 위해서는 좀 더 고민이 필요했다. 나는 관련 도서를 구매해서 담당 부장 교사, 담당 업무 교사와 함께 읽고 우리 학교에 어떻게 적용할 것인가를 논의했다. 논의를 통해 교사 연수와 학생회를 중심으로 이를 풀어가기로 했다.

여기서는 교사 연수에 관해 간략히 소개하고 그다음으로 학생회 중심 체인지 메이커 교육을 자세히 안내하고자 한다. 교사 연수는 체인지 메이커 교육 직무연수로 시행하였다. 우리 학교는 매년 15시간의 직무연수를 우리 학교 자체에서 기획하여 우리 학교 교사만을 대상으로 시행하고 있다. 거의 반 이상의 교사가 이 연수에 참여하므로 상당히 파급력 있는 연수라 할 수 있다. 이를 체인지 메이커 교육으로 진행함으로써 교사들의 체인지 메이커 이해도를 높일 수 있었다.

교사 체인지 메이커 교육은 디자인 씽킹(design thinking) 기법을 이해하고 적용하는 실습으로 이루어졌다. 디자인 씽킹 전문 강사를 초빙하여 참여형 모둠 활동으로 진행하였다. 디자인 씽킹은 공감 - 문제 정의 - 아이디어 창출 - 프로토타입 생성 - 검증의 다섯 단계를 거쳐 이루어진다. 교사 연수에서는 학교 시설, 수업 방법, 학교에서의 일상생활을 학생의 관점에서 살펴보는 '공감' 단계를 거쳐 문제를 발견한다. 그중 교육적 측면에서 가장 의미 있는 문제를 해결 문제로 선정하는 '문제 정의'를 실행하였다. 그리고 선택한 문제를 해결하기 위하여 브레인스토밍 등 다양한 방법으로 '아이디어 창출'을 하였다. 다음 '프로토타입 생성' 단계에서는 추상적인 아이디어를 시각적으로 구체화하고, 연수 이후 실제 학교생활에서 이를 시행하여 피드백을 받고 개선해가는 '검증'의 단계를 거쳤다. 연수를 실제 학교생활과 접목함으로써 교사 자신도 앎을 삶과 연계하는 기회가 되었다. 또한 자신이 직접 경험한 교육방식이기에 자신의 수업이나 학급지도 또는 동아리 지도에 수월하게 적용하는 것이 가능해졌다.

생태시민의 정책제안

교사를 위한 체인지 메이커 교육 연수와 동시에 학생 체인지 메이커 교육 및 활동이 진행되었다. 학생 활동은 학생 리더인 학생회를 중심으로 시작하여 전교생으로 퍼뜨리자는 의견이 지배적이었다. 이에 학생회를 자율동아리로 구성하여 정기 체인지 메이커 교육을 시행하였다. 학생회는 자율동아리 활동을 통해 전문 강사로부터 체인지 메이커 체험 교육을 받고, 학생회 활동으로 이를 일상생활에 적용하였다.

체인지 메이커 동아리는 매달 활동 주제를 선정하여 이에 따라 운영된다. 첫 달은 체인지 메이커로서의 정체성 찾기가 주제이다. 자신의 강점과 약점을 파악하고 생태환경 체인지 메이커가 무엇인지, 생태환경 체인지 메이커로서 갖추어야 할 자질은 무엇이고 그 이유는 무엇인지 등을 생각하고 토론한다. 다음 달은 생태환경 체인지 메이커로서 다짐 활동을 주제로 한다. 생태환경과 관련하여 최근 학교나 지역사회가 겪는 문제를 살펴보고 생태환경 체인지 메이커 활동가로서의 의지를 다짐한다. 세 번째 주제는 예측 불가능한 불확실성의 시대에서 살아남기다. 현시대 흐름에서 가장 확실한 것은 모든 것이 불확실하다는 사실이다. 안 그래도 미래가 불확실한 청소년이 예측 불가능한 시대를 살아가기 위해서 어떤 자질과 역량이 필요한지 고민하는 단계이다. 지속가능한 미래를 위해 SDGs(지속가능발전목표)를 살펴보고 각자가 주목한 목표와 관련된 인물, 단체에 관한 기사를 조사한다. 이를 통해 생태환경 체인지 메이커로서의 자질과 역량을 탐구한다. 다음 주제는 기후위기 대처방안이다. 변화를 위해 어떤 문제가 나타나고 있는지, 그리고 문제의 원인은 무엇인지에 관한 질문을 던지는 것에서 시작한다. 학생 스스로 질문을 만들고 팀 활동을 통해 질문에 대한 해결책을 찾아간다. 마지막 주제는 학교와 지역사회 차원 환경문제에 대한 정책 제안하기이다. 개인의 실천은 물론이고, 학교와 지역사회라는 넓은 영역에서 함께 실천해야 할 일이 무엇인지 고민한다. 그리고 그 정책을 학교와 지역사회에 정책으로 제안하는 것이다.

체인지 메이커 동아리 활동은 학생회 실천 활동으로 연계되면서 대의원회로도 전파된다. 과거와 달리 요즘 대부분의 학교는 대의원회와 학생회

구성원이 별도로 되어 있어 이 연계 활동을 교사가 주의 깊게 이끌어 줄 필요가 있다. 대의원회는 학급 회장, 부회장 등의 학급 임원으로 구성되지만, 학생회는 전교생 투표를 통해 구성된 학생회장, 부회장 중심으로 기존 학생회가 면접을 통해 후배들을 선발한다. 그러다 보니 학생회 임원들이 학급 회장이나 부회장이 아닌 경우도 많이 생긴다. 교사가 학생회 활동을 대의원회와 연계하도록 기회를 제공하고 이를 지도해야 할 필요가 여기에 있다. 우리 학교에서는 정기 대의원회에 학생회가 참가하여 사회를 보고 학생회 논의 사항을 함께 협의하면서 각 학급 활동 주제로 펼쳐나간다. 이를 통해 학생회 체인지 메이커 활동이 학급 체인지 메이커 활동으로 자연스럽게 연결될 수 있었다.

학급과 학생회는 체인지 메이커 활동으로 기후 대응 방안에 관해 많은 논의를 하였고 정책 제안도 마련하였다. 학생들이 생각해낸 정책에는 학교 차원의 것도 있었고, 지역사회 차원에서 이루어져야 할 것도 있었다. 학교 차원에서 학생들이 원하는 것은 '그린 데이' 도입이었다. 한 달에 한 번 초록색을 드레스코드로 하는 날을 도입하자는 것이다. 초록색 마스크나 초록색 핀, 초록색 손수건, 초록색 가방, 초록색 셔츠 등 초록색을 지니고 등교하며 환경에 대한 경각심을 키우는 날을 마련하자는 내용이었다. 또, 학생회는 환경캠페인을 하며 등교 맞이를 하겠다고 했다. 이에 교사들과 의논하여 학생회 의견대로 생태전환교육 연구학교 2차 연도에는 '그린 데이'를 실시하였다.

학생회 체인지 메이커가 제기한 두 번째 정책 사안은 지역사회 차원의 것이었다. 학생회는 재활용 의류 수거함의 이전을 제안하였다. 동네마다 의류 재활용을 위한 의류 수거함이 있는데, 어느 날 갑자기 의류수거함이 우리 학교 앞에 설치되었다. 우리 학교는 곱창 모양으로 구불구불한 긴 골목의 가장 안쪽 막다른 곳에 있다. 의류 분리배출을 위해서는 마을 사람들이 외출하는 길에 버릴 수 있도록 사람들이 많이 지나다니는 장소가 가장 최적이다. 아니면 집에서 가까운 곳이 되도록 마을 중앙에 위치하면 좋을 것이다. 그런데 골목길 안쪽으로 가장 들어와 있어 재활용 분리배출이 잘되지 않는 점을 학생들이 지적한 것이다.

지역사회에 관한 학생들 정책은 우리 교사들만 알고 있어서는 반영을 할 수가 없다. 이에 학생들의 정책 제안을 들어줄 정책입안자를 찾기로 했다. 구청장과 서울시의회 의장에게 학생들의 체인지 메이커 활동 보고와 정책 제안을 들어주시길 요청하는 초청장을 보냈다. 마침 우리 구 시의원님이 서울시의회 의장이었는데 흔쾌히 학생들의 보고회를 들어주러 오셨다. 구청장님은 참석하려 하였으나 당일 일정 조정이 어려워 참석하지 못하셨다. 학생들의 정책 제안 발표가 있고 6개월 후 학생들의 제안이 실현되었다. 의류수거함을 동네 주민들이 왕래가 많은 곳으로 이전한 것이다. 변화를 체험한 아이들은 체인지 메이커의 힘을 느끼고 생태전환교육 연구학교 2차 연도에는 더욱 활동에 진지하게 몰두할 수 있었다.

2차 연도에 학생들은 좀 더 성숙한 제안을 내놓았다. 길거리에 사물인터넷 기술을 이용한 스마트 쓰레기통을 설치하여 깨끗한 환경을 만들자는 것이다. 학생들이 제안한 스마트 쓰레기통은 태양열을 이용하여 쓰레기가 축적되면 압축하는 기능과 쓰레기의 양 및 위치를 실시간 클라우드 서버에 보고하는 시스템을 갖춘 쓰레기통이다. 그리고 따릉이 앱처럼 쓰레기통 위치를 확인할 수 있는 앱도 개발하여 시민들이 활용할 수 있도록 하자고 했다. 또 다른 제안은 물품 생산 시 재활용이 잘 되도록 제조하는 것을 의무화하자는 내용이었다. 페트병 분리배출을 하면서 라벨이 잘 뜯어지지 않는 음료수를 많이 경험한 학생들은 라벨 대신 글씨를 각인하거나 라벨을 붙일 때 제거를 쉽게 할 수 있도록 의무화하자고 제안했다. 친환경 음식물 처리기 설치 의무화도 덧붙여졌다. 교육청에 제시한 의견도 있었다. 학교에서 사용하는 건전지 사용 제품을 충전식 제품 사용으로 전환하고 충전식 코드 규격을 통일하도록 하자는 것이다. 이번에도 우리 지역 국회의원님과 교육장님이 학생들의 의견을 주의 깊게 청취하시고 많은 격려도 해주셨다. 이렇게 우리 아이들은 생태시민으로 쑥쑥 성장해갔다.

일상을 바꾸는 생태전환 실천

재밌어야 참여한다

생태전환교육은 그 어떤 교육보다도 더 앎을 삶으로 실천해야 하는 교육이다. 우리 학교 선생님들의 고민은 학생들의 참여와 실천을 어떻게 독려할 것인가에 있었다. 장고 끝에 나오는 결론은 늘 같다. '재미'와 '즐거움'이다. 아이들은 재미있고 즐거워야 참여한다. 또 다 함께 참여하다 보면 저절로 재미있고 즐거워진다. 생태전환교육 포럼을 진행하면서 학생 대표에게 어떤 생태전환교육을 원하냐고 질문을 던졌다. 학생 대표의 대답은 강의식 지식 전달의 수업이 아닌 우리 학생들이 직접 참여할 수 있는 프로젝트형 프로그램을 원한다는 것이었다. 그래서 우리는 학생들이 스스로 기획하고 진행하는 프로젝트를 지원하기로 했다.

학생회 체인지 메이커들은 기후위기를 경고하는 현수막 게시 프로젝트를 기획했다. 우리의 목표는 모든 학생의 참여이기에 학급별로 현수막 문구를 한 개씩 만들었다. 만든 문구는 등굣길 게시판에 게재된다. 학생들은 등교하면서 가장 마음에 드는 문구에 스티커를 하나씩 붙인다. 가장 많은 스티커를 획득한 문구가 교문 위 게시판에 현수막으로 게시된다. 이렇게 선택된 문구가 '북극곰이 얼마나 먹을 게 없었으면 콜라를 마실까?'이다. 참신하고 재미있는 문구이다. 어른들 머리에서는 나오기 어렵다. 모 콜라 회사 광고로 잘 알려진 북극곰의 콜라 마시는 장면을 재치 있게 비틀어서 기후변화로 멸종위기에 처한 북극곰의 상황을 알린 것이다. 밑에는 작은 글씨로 '오늘부터 실천해요. 종이컵 말고 머그컵 쓰기, 이동 수업할 때는 소등하기'라고 적혀 있다.

기후위기는 분명 웃어넘길 수 없는 심각한 문제다. 지구 종말처럼 느껴지기도 한다. 하지만 보다 더 많은 청소년이 위기를 인식하고 해결의 희망을 품도록 만들기 위해서는 전파의 방식이 재미있어야 한다. 또한 참여의 경험이 긍정적이어야 한다. 화염병 시위가 촛불시위로 바뀌듯이 이러한 방법은 온화하고 즐겁지만, 일상에서 더 많은 사람이 참여하고 실천하는 결과를 끌어낼 수 있기 때문이다.

학생들이 선정한 기후위기 경고 문구 현수막

모두의 참여가 특색인 우리 학교 생태전환교육은 모든 학급이 '더불어 숲 학급 브랜드 높이기'라는 생태전환교육 학급 활동을 하고 있다. 학급별로 추구하는 가치를 브랜드 이름으로 정하고 학급 자치 활동을 통해 브랜드의 가치를 높이는 것이다. 자치 활동은 학급에서 실천할 수 있는 생태전환 실천 약속 한두 개를 학급 구성원이 함께 정하여 일 년 동안 꾸준히 실천하는 형태로 이루어진다.

예를 들어 '공생(共生)'을 브랜드로 하는 학급에서는 함께 살기와 생명 존중을 토론하고 학교 안팎 길고양이 밥 주기 활동을 벌인다. 이를 통해 다른 생명에 대해 긍정적인 태도와 감성을 키우게 된다. 부수적으로 학급 구성원 간에도 서로 존중하고 배려하는 태도가 형성되었다고 한다. 창가 정원을 조성하여 1인 1화분 기르기를 하고 학교 정원과 학교 주변 녹지공원 등을 함께 산책하며 생태 감수성을 키우는 학급도 있다. 또 다른 학급은 제로 웨이스트 활동에 동참한 인증사진을 올리고 학급 환경신문을 제작하기도 한다.

생태전환교육 연구학교 2차 연도에는 학급별 활동이 더욱 다양해졌다. 아나바다 경매 장터를 통해 자원 재순환을 실천하는 학급, 단합대회에 다회용품 사용하기 실천 활동을 벌이는 학급, 생태환경 관련 홍보물을 제작하여 캠페인을 하는 학급들이 생겨났다. 채식 식단을 체험하고 가정에서 채식 한 끼 밥상 실천하기를 하는 학급, 교내와 등굣길에서 쓰레기를 줍는 줍깅 활동 학급도 나타났다. 놀이를 통해 생태전환 실천 의지를 다지는 학급도 있다. 환경보호 북극곰 젠가, 푸드 마일리지와 로컬 푸드가 주제인

할리 갈리, 공정무역이 주제인 보난자 게임, 지구 온난화와 멸종위기 동물을 주제로 하는 에코링크, 팽귄트랩 등을 하며 디지털 기기 없는 쉬는 시간을 만들면서 환경보호 학급 올림픽도 개최한다. 생태달력, 생태환경 문구 책갈피와 나무 컵 받침 만들기 등 생태 소품을 제작하는 학급도 있다. 이렇게 다양한 학급 특색활동을 하면서 우리 학교 학생들은 각기 다른 모습으로 생태적 전환을 꾸준히 실천해나갔다.

기후 행동 학급대항전

코로나19 상황에서 모든 학교가 체육대회 등 단체 활동을 할 수가 없었다. 학생들의 단합심을 키우고 아이들의 넘치는 에너지를 분출할 새로운 창구가 필요했다. 이에 우리 학교는 생태전환교육과 연계하여 기후 행동 학급대항전을 기획하였다. 4월 22일 지구의 날에서 6월 5일 환경의 날까지 기후 행동을 인증하여 가장 많이 기후 행동에 참여한 학급이 우승하는 행사이다. 쓰지 않는 플러그 뽑기, 빈방 소등, 줍깅, 가까운 거리 걷기, 채식 실천, 기후위기 관련 도서 읽기, 기후변화 토론하기 등 다양한 기후 행동을 실천하고 인증사진을 구글 클래스 '전일중 기후 행동 365, 나가자! 학급대항전'에 게재하였다.

이 행사는 서울시교육청에서 실시하는 기후변화주간, 카카오 프로젝트 환경보호 활동으로도 연계하여 진행했다. 2021학년도에는 환경부와 교육부에서 진행하는 '기후 행동 스쿨 챌린지'에도 연계하여 우리 학교가 전국 3위, 서울시 1위로 부총리 겸 교육부 장관상으로 은상을 받았다. 부상으로 교실 숲을 조성할 수 있는 다양한 크기의 화분을 받기도 했다. 생명을 가진 식물은 지속적 관리가 필요하므로 무작정 많이 받는 것이 아니라 각 학급의 수요조사를 통해 각자 관리할 수 있는 만큼만 받았다. 필요하지 않은 것은 거절하는 용기도 지속가능한 지구를 위해 필요하기 때문이다.

기후 행동 학급대항전은 게이미피케이션(gamification)으로 게임의 요소를 접목함으로써 학생들의 관심을 기후 행동 실천으로 자연스럽게 유도하기 위한 활동이다. 나 혼자 하는 활동이 학급으로 모이면 얼마나 커지는지, 그리고 더 나아가서는 학교로 모이면 얼마나 커지는지를 아이들은 이 행사의 결과로 체험하였다. 재미있게, 그리고 학급 단위의 유대감을 키우며 우리 아이들은 일상의 기후 행동으로 조금씩 다 함께 나아갈 수 있었다.

카카오프로젝트100: 친환경 빨대로 지구 구하기 활동

학생이 만드는 그린 급식

서울시교육청이 생태전환교육 기본 계획을 언론에 발표했을 때 가장 많은 관심이 쏟아졌던 부분이 '채식 선택제' 도입이었다. 기후위기에 대응하는 먹거리로서 채식 급식이 필요하다는 찬성론과 자라나는 청소년의 영양 불균형을 초래할 수 있다는 우려가 있어 논쟁이 되었다. 우리 학교에서는 이러한 논쟁을 가정 교과 시간에 다룬다. 어느 한쪽을 지지하여 가르치기보다는 양쪽의 주장을 살펴보며 학생 스스로 자기 생각을 정리한다. 그리고 가정 교과 '식사계획과 식단 작성' 단원과 연계하여 프로젝트 수업을 진행한다.

프로젝트 수업에서는 한 달에 두 차례 열리는 '지구 지킴이의 날, 그린 급식' 식단을 계획한다. 우리 학교는 탄소 배출량을 줄이는 먹거리를 고민해 그린 급식을 실천하고 있다. 완전 채식은 아니고 페스코 베지테리언 기준 식단(육고기 없는 식단)이다. 일반적인 육식만을 제외한 식단으로 해산물, 생선, 달걀 등은 포함한다. 덩치가 큰 소나 돼지 등은 축산업 과정에서 단위 무게 당 훨씬 많은 탄소를 배출하기에 육류를 제외하되 영양 균형을 원하는 학생과 학부모의 의견을 수렴하여 절충적 식단을 제공하는 것이다.

학생들은 영양소 면에서 균형 잡힌 식단에 대해 학습하고 '내가 그린 초록 식단' 프로젝트로 메뉴를 짜고 그림으로 나타낸다. 학생들의 투표로 베스트 식단을 선정하고, 베스트 식단은 실제로 학교 급식 메뉴가 된다. 이 날은 잔반 제로 운동 '수·다·날'이기도 하다. '수요일은 다 먹는 날'의 줄임말인 '수·다·날'에는 아침과 점심시간에 학생회를 중심으로 캠페인 활동이 있고, 급식실 잔반통 옆에 있는 스티커 모음판에 잔반을 다 비운 학생이 학급별로 스티커를 붙인다. 우수 학급은 상품도 받을 수 있다. 우리 학교의 그린 급식은 서울시교육청 '푸드멘터리 급식 뽐내기'에도 소개된 바 있다. 유튜브에 '전일중 그린 급식'으로 검색하면 독자들도 언제든지 볼 수 있다. 동영상을 보면 우리 학교 학생들이 얼마나 즐겁게 그린 급식을 실천하고 있는지, 교과에서 배운 지식을 어떻게 학교생활에서 실천하고 있는지 알 수 있을 것이다.

특색 캠페인 릴레이

생태전환교육의 소재는 무궁무진하다. 일상의 모든 것이 그 대상이 되기 때문이다. 각 부서나 동아리가 중심이 되어 일상을 생태적으로 전환하기 위한 캠페인이 이루어졌다. 때로는 교과를 중심으로 캠페인이 나오기도 하였다. 여기서는 대표적인 몇 가지만 소개하고자 한다.

4월에는 '세계 책의 날'을 활용한 도서관 데이가 있었다. 학교 도서관에서 전년도 과월호 잡지를 포함하여 폐기 도서를 희망 학생에게 배부하는 도서 나눔전을 벌였다. 이를 통해 자원 순환을 실천하고 책에 관한 관심도

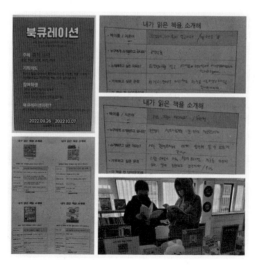

북큐레이션 포스터와 학생활동

높이는 캠페인이다. 동시에 일주일 동안 '초록 독서, 초록 실천' 주간이 시행되었다. 생태전환교육 관련 도서가 비치된 초록 독서 코너의 책을 읽고, 건강한 지구를 위해 청소년이 실천할 수 있는 약속을 종이에 써서 게시판에 부착하는 것이다. 책과 관련된 생태환경 활동은 9월 독서의 달 북 큐레이션으로 연계된다. 독서의 달을 맞이하여 환경, 생태를 주제로 하는 다양한 책을 학생들이 읽고 소개하는 것이다. 학생들이 추천한 책은 학교 도서관에 전시된다.

5월과 6월에는 '시민불편 영상 공모전' 캠페인을 벌였다. '시민불편 전국영상공모전'은 시민이 조금 불편하더라도 환경을 보호하는 방법이 무엇인가에 대한 주제로 영상을 공모하는 행사로 부산환경공단에서 주최했다. 조금 불편해도 재활용할 수 있는 쓰레기는 분리배출하고 휴지 대신 손수건을 사용하는 등 자발적 불편으로 일상에서 환경을 보호하자는 취지가 우리 생태전환교육과 맞닿아 있었다. 이에 기술·가정 교과 시간에 제작한 영상작품을 공모전에 출품하였다. 학생들은 발명 단원을 학습하면서 폐품을 활용한 작품을 만들고, 제작과정과 환경보호의 중요성을 알리는 영상을 제작하였다. 1학년 전체 학생이 교육청에서 일괄 배포한 태블릿 '디벗'을 활용하여 영상을 만들었다. 수업작품을 공모전에 제출한 결과 우수학교상을 수상하였다.

9월에는 '폐휴대전화기 수거' 캠페인을 진행했다. 먼저 9월 6일 '자원 순환의 날'을 기념하여 전자제품 자원 순환과 전자 폐기물에 대한 교육을 수행했다. 그리고 이와 연계하여 학생들이 기후환경위기 문제에 공감하고 사회적 실천을 하는 생태시민으로 성장할 수 있도록 가정에 방치된 폐휴대전화기를 찾아보기로 했다. 학교에는 폐휴대폰 수거함을 설치하고 등교 맞이

캠페인을 벌였다. 수거된 폐휴대전화기는 한국 전자제품 자원 순환 공제조합으로 발송하고 매각 대금은 교육청 이름으로 기부되었다.

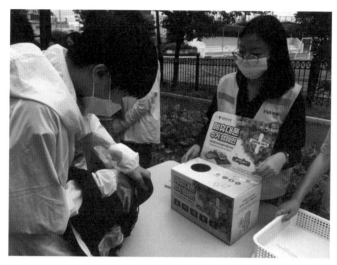

폐휴대전화기 수거 캠페인

10월에는 '용기내 챌린지'를 전개하였다. 10월 한 달간 생태·환경영화 관람주간을 만들었다. '구운 생선', '미래를 꿈꾸는 농부', '더 나은 세상을 위한 레시피', '달콤한 플라스틱 제국' 등의 영상자료를 보고 활동지를 작성한다. 그리고 일상생활에서 음식 포장으로 발생하는 쓰레기를 줄이기 위해 용기(container)를 들고 가게에 방문해 포장하여 가져오는 과정을 실천한다. 용기(container)를 사용하기 위해서는 용기(courage)가 필요해서 '용기내' 챌린지이다.

다양한 일상 실천 캠페인은 학교가 일괄적으로 기획한 것이 아니다. 각 부서, 동아리, 교과에서 생태전환교육을 배우면 이를 실천하려는 방법을 연구하다가 하나씩 나온 것이다. 일상으로 배움을 실천해가는 아이디어와 자발적으로 불편을 감수하는 용기가 아름답다.

학교에서 발생하는 온실가스 줄이기

생태전환교육을 학교생활 전반에서 실천으로 이어가기 위해서는 교원과 학생만의 노력으로는 부족하다. 행정실의 협조와 연계가 꼭 필요하다. 학교에서 발생하는 온실가스 감축을 위한 체계적 관리는 행정실이 주축이 되어 이루어졌는데 학생 교육과 이를 연계하였다. 이를 위해서는 교장, 교감, 행정실장 모두가 생태전환교육에 대한 의지가 있어야 하고, 실행단계에서 지속해서 협의해야 한다.

행정실에서는 학교 온실가스 저감 추진 계획을 수립하고 추진 실적을 분석하여 평가를 통해 실천 활동에 환류하였다. 연간 에너지 사용량을 자체 진단하여 데이터 분석을 통해 건물별, 항목별로 진단하고 에너지 사용 패턴을 분석하여 맞춤형 온실가스 감축 활동 방안을 모색하는 형태로 진행되었다. 또한, 온실가스 감축 방안 회의를 정기적으로 개최함으로써 아이디어를 창출할 수 있었다.

회의 결과에 따라 조명을 LED 전등으로 교체하였으며, 고효율 에너지 기자재, 대기전력 저감 우수제품, 에너지소비효율 1등급 제품을 구매하고 대기전력 차단장치를 설치하였다. 우리 학교는 코로나19 사태에서 정상 등교를 위해 시차배식을 시행하고 있어 도시가스는 코로나19로 등교가 적었던 전년보다 사용량이 늘어날 수밖에 없었지만, 에너지절약 실천으로 최소 증가율을 확보할 수 있었다. 건물의 적정 냉·난방 온도, 조명 관리 등 에너지절약 활동을 홍보하고 실천하기 위해서 학교 에너지 지킴이를 지정하여 운영하였다. 교직원은 의무로, 학생은 희망자 중 선정하여 실별 담당자가 실천의 주역이 되었다.

학교의 온실가스 줄이기 상황은 '에너지 수호 천사단' 활동을 통해 학생 교육과 연결되었다. 에너지 수호 천사단은 학교의 온실가스 배출량을 조사하고 절감 방안을 찾아 예상 감축량을 산정하여 발표하는 활동을 했다. 학교에 설치한 태양열 가로등을 관찰하고, 태양열 조리기를 이용한 메추리 알 삶기 활동 등을 통해 천연에너지 사용에 대한 학습도 이어진다. 이렇게 학생 생태전환교육은 학교의 생태적 전환을 학습하고 아이디어를 내는 상호보완적이고 순환적인 과정을 통해 더욱 생생한 일상 속 학습이 되었다.

종이 없는 교직원 회의문화

학생 중심의 일상 실천뿐만 아니라 교사가 주축이 되는 학교 일상의 생태적 변화가 무엇이 있을까 하는 고민을 하였다. 교사는 교육하는 존재에서 그치지 않고 모델링의 대상이 되어야 한다. 학생에 앞서 솔선수범하는 교사가 되고자 하기에 교사는 늘 어렵다. 행동 하나하나가 아이들에게는 은연중이든 의식적이든 모방의 대상이 되기 때문이다.

우리 학교 교사들은 일 년 365일 지속해서 실천해야 할 항목인 '교사 365 행동 실천 항목' 중 '종이 없는 회의문화'를 전 교사 실천 행동으로 선정하였다. 모든 학교에서 정기적으로 실시하는 교직원 회의 때마다 엄청난 양의 연수 자료가 복사되어 배포되고 바로 휴지통에 버려진다. 전국적으로 교직원 회의에서 연수 자료만 종이로 배포하지 않아도 상당량의 나무를 살릴 수 있을 것이다. 그래서 우리는 모든 교직원 회의에서 종이 자료를 배포하지 않기로 하였다.

종이 자료가 없다고 해서 자료를 전혀 보지 않고 회의를 할 수는 없다. 어떤 회의는 데이터를 정확히 보고 파악하면서 진행해야 하기 때문이다. 이에 우리는 교직원 회의에 디지털 전환을 적용하기로 하였다. 모든 교직원은 아침에 컴퓨터를 켜면 바로 '알림장' 프로그램을 통해 그날의 학교 행사와 알림 사항을 공유한다. 교내 메신저 프로그램은 물론이고 이동 시 휴대전화에서도 내용 공유를 할 수 있도록 전 교직원 단톡방도 개설하였다. 모든 교직원에게 노트북과 스마트 패드를 배포하여 회의장에 들고 들어올 수 있도록 디지털 인프라도 구축하였다.

회의나 연수 자료는 사전에 파악하기 위해 파일로 미리 올려 공유한다. 구글 설문으로 의견 공유도 수시로 이루어진다. 수업내용 역시 '전일중 나눔터'라는 네이버 밴드를 개설하여 지속적인 업데이트를 하며 공유한다. 화상회의를 열기도 하지만 대면 회의를 할 때는 스마트 패드나 휴대전화를 모두 지참하고 참석한다. PPT나 자료화면이 제시되며 즉석에서 구글 설문 등 공유문서로 의견이 작성되어 논의된다. 이렇게 디지털 회의문화가 생태전환교육 연구학교 2년 동안 자리 잡게 되었다. 이를 통해 우리 교사들은 학교 일상을 생태적으로 전환하는 데 모든 교사가 동참하는 기회를 얻었다.

마을과 함께하는 생태전환교육

마을과 함께하는 생태민주주의

생태전환교육은 일상에서의 실천으로 이어져야만 하는 교육이다. 학생의 일상은 학교와 마을에서 이루어진다. 따라서 학교생활뿐만 아니라 마을에서의 삶도 생태적으로 전환되어야 한다. 그래서 생태전환교육은 마을과 함께하는 교육일 수밖에 없다. 또한 생태전환교육의 철학적 측면에서도 마을과의 연계가 필연적이다. 생태적 전환은 '공존'의 가치를 추구하기 때문이다. 마을은 단순한 공간 개념을 넘어서 공존을 추구하는 공동체가 되어야 한다.

공존하는 공동체로서 마을은 생태민주주의 실천의 장이 된다. 현존하는 가장 발달한 정치 형태인 민주주의를 생태민주주의로 전환하는 실험의 장소가 마을이 되는 것이다. 민주주의가 인간만을 지구의 주인으로 한정한다면, 생태민주주의는 모든 생명을 지구의 한 구성원이자 주인으로 간주한다. 생태민주주의 주창자인 모리슨(Morrison)은 연합, 협동, 연대를 통해 공동체를 구성하여 생태민주주의를 실천할 수 있다고 했다. 마을 공동체를 통해 생태민주주의를 실천하는 경험이 바로 생태전환교육의 중요한 요소이기에 우리 학교는 마을과 함께하는 생태전환교육을 기획하고 운영하였다. 이어지는 글에서는 우리의 실천 활동 하나하나를 간략히 보여주고자 한다.

마을이 찾아오는 생태전환교육

우리 학교의 마을과 함께하는 생태전환교육의 시작은 마음풀 교실 운영에서부터였다. 이는 시기상으로 생태전환교육 연구학교를 시작하기 전이다. 학부모는 물론이고 서울시립대, 시민정원사회, 인생 이모작 퇴직교사회, 장애인 일자리 사업 등과 연계하여 실내 생태체험교실인 마음풀을 운영하였다. 이에 관련해서는 1장에서 '마음풀 교실 - 생태전환교육의 씨앗'을 통해 소개하였기에 여기에서는 프로그램 중심으로 마을이 학교로 찾아오는 생태전환교육을 안내하고자 한다.

모리슨이 말한 연합, 협동, 연대의 원칙에 따라 연합체와 협동하여 연대한 프로그램들은 학교 교육과정에서 매년 지속될 수 있다는 장점이 있다. 마을 단체들과 업무협약(MOU)을 맺어 관련 프로그램을 정례화하였다. 먼저 우리 학교와 담을 사이에 두고 있는 시립대와 업무협약을 맺었다. 시립대 조경학과 대학생들은 우리 중학생들을 대상으로 학교 숲 나무 이름표 달아주기, 압화 액자 꾸미기, 식물 친구 만들기 등 다양한 프로그램을 기획하고 진행하였다. 대학생 멘토단은 마음풀과 생태교육을 매개로 우리 학교 중학생들의 진로상담도 하고 고민 나누기도 하였다. 생태 보전과 동물권 보호를 주제로 토론도 이루어졌고 나무 의사, 조경사 등 생태 관련 진로탐색도 이어졌다. 또한, 시립대 교직 이수 학생들은 우리 학교에서 교생으로 활동하며, 교과 관련 생태전환교육 수업을 진행했다.

복지센터, 진로체험지원센터와도 업무협약을 맺었다. 복지센터에서는 복지 원예사를 소개받아 교육복지 대상 학생을 중심으로 식물을 이용한 작품들을 만들며 생태감수성을 키우고 나를 표현하는 집단상담을 시행하였다. 진로체험지원센터를 통해서는 환경, 생태와 관련된 새로운 직업들을 탐색하는 시간을 만들었다. 서울시와는 업무협약을 하지는 않았지만, 서울시 에너지 수호 천사단에 가입하여 서울시의 프로그램 지원을 받았다. 서울시에서 보내준 강사 교육으로 온실가스 감축 방안에 대한 체험형 수업을 진행했다. 우리 학교의 생태체험교실인 마음풀 교실도 서울시가 구축해 준 것이다.

업무협약을 하지 않더라도 지역사회 자원센터나 마을 강사들이 학교로 찾아오는 프로그램을 통해 다양한 활동을 할 수 있었다. 사계절 자연 빙고, 바다로 간 플라스틱, 증강현실로 떠나는 강물 탐험, 착한 수돗물 교실 등의 프로그램을 학기 말이나 학년말에 학년별로 실시하여 자칫 흐트러지기 쉬운 기간을 알차게 보낼 수 있었다. 최근 생태전환교육에 관심이 커지면서 이런 연계 업체들에 대해서는 교육청 등에서 안내가 오고 있으므로 관심만 두면 쉽게 찾을 수 있다. 예산도 교육청과 지방자치단체 등을 통해 확보하기가 어렵지 않다. 따라서 생태전환교육 연구학교가 아닌 일반 학교들도 의지만 있다면 마을 단위에서 찾아오는 생태전환교육 프로그램을 도입할 수 있으리라 생각된다.

코로나19가 극심했던 시기가 지나가자 조금씩 교외체험학습이 허용되기 시작했다. 이에 우리 학교도 학교 밖 마을로 찾아가는 생태전환교육을 기획했다. 코로나로 인해 대규모 움직임은 제약이 많아 되도록 소규모로 시작하였다. 하지만 이나마도 코로나 감염 상황이 심각해지면 취소되기 일쑤였다. 처음 시작은 마을의 생태환경 탐방이 주를 이루었다. 소규모로 학교 옆에 있는 배봉산을 오르내리며 숲 생태를 살펴보거나 마을 탐방을 하면서 쓰레기를 줍는 줍깅 활동 등이 그것이다.

시간이 지나자 학년 단위 활동도 가능하다는 감염병 대응 정책이 나왔다. 좀 더 전문적인 활동을 하는 곳이면서도 중학생들이 이해할 수 있고 체험할 만한 장소를 찾아보았다. 학교에서 멀지 않은 곳, 즉 마을 안에 있는 장소를 위주로 찾았다. 교육과정으로 진행되는 만큼 이동시간이 너무 길지 않아야 했기 때문이다. 그래서 찾은 곳이 서울 새활용센터와 하수도과학관이다. 둘은 이웃해 위치한다. 마침 새활용센터는 중학교 자유학년제를 겨냥한 다양한 프로그램들을 개발하고 있었다. 우리 학생들은 업사이클링의 우리말인 새활용의 뜻을 알고 종이의 자원 순환에 대해 공부하였다. 종이는 우리 학교 융합수업의 주제이기도 하였기에 교과와 연계된 체험활동이 되기도 한다. 그래서 새활용의 하나로 폐종이를 이용한 메모꽂이 만들기 체험활동도 이어졌다. 새활용센터에 입점한 다양한 업사이클링 업체도 관람하며 새활용의 현주소를 알 수 있었다. 하수도과학관과 하수처리시설 관람을 통해서 물의 순환도 눈으로 확인할 수 있었다.

이 외에도 실내에서 농사를 짓는 스마트 팜 방문 등 생태전환교육의 하나로 마을을 찾아가는 수업들이 가능했다. 마을로 찾아가는 생태전환교육을 위해서는 마을 배움책을 활용하는 것도 추천한다. 서울에서는 자치구별로 마을 배움책을 제작하고 있다. 나 역시 집필위원장으로 동대문구의 마을 배움책 제작에 참여한 바 있다. 교원뿐만 아니라 마을 활동가도 참여하여 제작하는 마을에 관한 교과서가 마을 배움책이다. 이 책을 통해 교사들은 좀 더 쉽게 마을에 관해 학생들을 지도할 수 있고, 마을 활동가가 이 책을 활용해 학생들을 위한 마을 체험학습을 진행할 수도 있다. 생태전환교육은 마을 배움책의 한 장을 차지할 정도로 마을과의 연계성이 크다. 마을로 찾아가는 생태전환교육이 마을 배움을 넘어서 마을 바꾸기로 확장되기를 기대해 본다.

교사들의 우리끼리 동네 나들이

생태전환교육을 마을과 함께하기 위해서는 교사들이 먼저 마을을 알아야 한다. 그런데 교사들이 학생들보다 마을을 잘 알지 못하는 경우가 많다. 학생들은 거주지에서 가까운 학교에 배정되지만, 교사들은 순환근무를 하기 때문이다. 특히 우리 학교가 위치한 동대문구에는 거주하는 교사들이 많지 않다. 많은 교사가 북부나 강동에 거주하다가 거주지 장기 재직으로 의무 전출되어 우리 학교로 전근을 온 상태였다. 그래서 교사가 먼저 마을을 파악할 기회가 필요하다는 생각이 들었다.

코로나19 사태로 교사들의 외부 활동도 제약이 많았다. 이에 사회적 거리두기 지침을 준수하면서 4인 1조로 팀을 조직하여 마을 탐방을 하기로 하였다. 활동 장소는 우리 동네로 한정하였지만, 시기와 탐방 장소는 팀별로 자율적으로 선정하고 계획하였다. 팀에는 반드시 신규교사나 올해 우리 학교로 전근해 온 교사를 한 명씩 포함하도록 했다. 마을에 상대적으로 익숙한 교사가 마을을 잘 모르는 교사를 돕기 위함이다. 이렇게 교사들의 '우리끼리 동네 나들이'가 시작되었다.

선생님들의 호응도는 매우 높았다. 사회적 거리두기로 교사들 사이에서도 함께 하는 외부 활동이 거의 멈춘 상태였기에 더욱 그러했다. 선생님들은 우리끼리 동네 나들이를 통해 학교가 위치한 마을의 특성과 환경을 알고 이를 반영한 학교-마을 연계 생태전환교육의 전문성과 의지를 높였다. 또 마을 속에서 학생들의 삶의 모습을 알게 되어 아이들을 깊이 이해하는 기회가 되기도 했다.

지자체와 함께하는 생태전환교육 환경 조성

지방자치단체마다 교육을 담당하는 부서가 있을 정도로 지자체 역시 학교 교육에 관심이 많다. 생태전환교육은 마을과 함께하는 교육이기에 지자체와의 협력이 교육 활성화에 큰 도움이 된다. 지자체 역시 교육을 통해 지역을 살릴 수 있다는 장점이 있다. 우리 학교가 위치한 동대문구는 상당히 노령화된 지역이다. 학교 교육이 활성화되면, 교육을 위해 다른 구로 떠나는 많은 젊은 층을 붙잡을 수 있다. 어른이 되어서도 살고 싶은 동대문구라는 인식을 청소년기부터 심어줄 수 있는 것도 마을교육의 힘이다.

학교는 또한 마을 주민에게 유용한 장소가 될 수 있다. 동대문구는 배봉산 외에는 녹지가 부족하다. 학교가 도시공원의 역할을 한다면 학생들은 물론이고 마을 주민에게도 도움이 된다. 이런 이유로 학교 숲 조성사업을 시나 구에서 지원하는 것이다. 우리 학교도 생태전환교육의 하나로 학생들의 생태 감수성을 키우기 위해 학교 숲을 조성하기로 했다. 학교 운동장 가장자리 한쪽 구석에 교실 한 칸이 넘는 넓이의 공터가 하나 있었다. 낙엽 쓰레기가 무성하게 쌓여 있고, 돌로 된 계단도 여기저기가 무너져 내려 폐허 같은 느낌이었다. 당연히 학생들도 접근하지 않는 공간이다. 이에 동대문구 에코 스쿨 사업에 참여하여 그 공간을 공원처럼 만들어 야외수업의 장으로 활용하기로 했다. 낙엽을 치우고 학교 교화인 장미를 심어 장미정원으로 만들었다. 무너진 돌계단을 나무 계단으로 만들고 벤치를 놓았다. 돌로 작은 오솔길도 만들었다. 주중에는 학생들 자연학습의 장이 되고, 방과 후와 주말에는 마을 주민의 녹색 쉼터가 되었다.

에코 스쿨 장미정원처럼 생태전환교육의 장을 학교에 만드는 것은 학교 자체 예산으로는 하기 어려운 사업이다. 원하는 모든 학교에 지자체가 이런 생태전환교육 환경을 조성해주는 것은 아니지만, 관심을 가지고 지자체 공모사업을 살피면 생각보다 많은 기회가 있다. 우리 학교에 있는 전국 최초 실내 생태체험교실인 마음풀 교실도 이러한 과정을 거쳐 조성된 것이다. 이렇게 지자체의 시설지원이나 예산 지원은 생태전환교육 환경을 조성하는 데 큰 도움이 된다. 학생과 마을 주민이 상생하는 생태전환교육 환경 만들기도 작은 관심과 실천만 있다면 충분히 가능하다.

이상으로 3장에서의 생태전환교육으로 바뀐 우리 학교의 일상과 문화, 마을과 함께하는 생태전환교육에 관한 이야기를 마친다. 4장에서는 1장에서 소개한 생태전환교육의 의미 찾기 여행을 마친 우리 학교 구성원들이 생태전환교육에 부여한 의미를 함께 공유하고자 한다.

돌아보며
- 생태전환교육 내 것 만들기

생태전환교육 리빙랩

4년간의 교육실험

리빙랩(Living Lab)이라는 단어를 교육계뿐만 아니라 다양한 분야에서 들을 수 있다. 우리말로 번역하면 살아있는 실험실, 또는 생활 실험실이 된다. 정의가 정확히 정립되지 못한 단어이지만 일상적인 삶의 현장에서 사회문제의 해법을 찾으려는 현장 중심적 문제해결 방법론으로 주로 통용되고 있다. 그런 의미에서 보면 진정한 교육 현장으로서 학교이기 위해서는 학교가 늘 리빙랩이어야 한다. 학교는 교육 현장에서 교육 문제의 해법을 찾는 장소여야 하기 때문이다.

교육은 만인의 관심사이며 중요한 사회적 역할을 한다. 특히 교육을 통해 한강의 기적을 이루어낸 우리나라에서는 더욱 그러하다. 교육의 중요성에 관해 누구나 동의하고 누구나 한마디쯤 할 수 있는 지식과 경험이 있다. 특히 유·초·중등학교 교육은 더 그렇다. 국민교육으로써 학교에 다닌 경험이 누구나 있기에 학교는 친숙한 장소이고 학교의 문제점도 누구나 하나씩 집어낼 수 있다. 자녀를 가진 학부모는 더더구나 학교에 대한 기대와 요구가 크기에 이런 문제들의 개선을 절실히 바라고 있다.

전일중학교에 공모 교장으로 지원하면서 학교가 제시한 공모요건이 학교가 가진 문제점이면서 동시에 학교 교육에 대한 기대라고 생각했다. 당시 공모요건은 전국 최초 실내 생태체험교실인 마음풀 교실 운영, 독서교육과 학생 자치 활동 활성화, 동대문구와 협력한 혁신교육사업 운영 등이었다. 내게는 이 모든 과제가 하나로 연결된 느낌이었다. 마음풀 교실을 잘 운영하기 위해서는 학생 자치와 마을의 연계가 필요하다. 또, 학생 자치 활성화를 위해서는 독서를 통해 학생 역량을 함양해야 한다.

마음풀 교실의 운영 방안은 우리 학교에 대한 교육적 요구의 해답을 찾아가는 과정이었다. 마음풀 교실은 2년 후 생태전환교육으로 확장되어 우리 학교 교육 전반에 대한 성찰과 실험으로 이어졌다. 통합 4년 동안 우리 학교는 교육실험의 리빙랩이었다. 기후위기라는 학교 외부적 문제 상황이면서 동시에 전 지구적 문제를 만나면서 우리 학교는 교육으로 기후변화에 대응하고자 했다.

학교 교육은 교육과정을 중심으로 이루어지기에 우리는 교과와 창의적 체험활동이라는 교육과정을 재구성했다. 특히 교육과정의 90.9%인 교과에 주목했다. 중등은 교과 위주로 학교생활이 이루어진다. 교사는 교과 지도와 생활지도 모두의 전문가이지만, 학교급이 올라갈수록 교과 지도의 전문성은 교사의 자부심과 긴밀한 연관 관계를 갖는다. 생태전환교육으로 교과를 재구성하며 우리 학교 교사들은 교과 지도의 전문성을 높여갔다. 교과의 칸막이를 부서뜨리는 융합 교육의 협업을 통하여 우리 교사들은 미래 교육의 현장 전문가로 거듭났다.

교사의 전문성은 학생주도 활동을 지원하고 뒷받침하는 활동으로 이어졌다. 이러한 활동은 마을과의 협력을 통해 더욱 활성화되었다. 생태전환교육으로 지구를 지키기 위해서는 교육활동의 디지털 전환이 필요했다. 종이 유인물을 줄이고자 패들렛, 줌, 멘티미터, 메타버스, 공유문서 등이 수업 활동에 들어왔다. 회의문화도 종이 없는 회의문화로 전환하여 스마트패드와 노트북 등을 활용해서 진행되었다. 생태전환교육에 대해 국제교류 활동, 토론 활동, 디지털 교육이 이루어졌다. 이렇게 생태전환교육을 주제로 한 미래 교육으로의 교육실험이 4년 동안 전일중에서 진행되었다.

교육의 생태적 전환

전일중학교는 생태전환교육을 학교 교육과정 전반에 도입하고 학교 문화에 접목하는 살아있는 실험실이었다. 생태전환교육을 실천하면서 우리는 생태전환교육의 의미를 다시 한번 생각하게 되었다. 생태전환교육을 하다 보면 누구나 생태전환교육이 교육을 통한 생태적 전환을 목표로 하느냐, 아니면 교육의 생태적 전환을 목표로 하느냐는 화두를 떠올릴 것이다. 물론 둘 다 맞는 말이다. 하지만 우리는 생태전환교육을 하면서 동시에 교육의 생태적 전환을 도모했다.

우리는 지금의 학교를 돌아보았다. 현대적인 학교의 모양이 갖추어진 것은 산업화로 인해서라는 것이 정설이다. 산업화가 진행되면서 공장들은 교육받은 노동자들을 더 많이 요구하게 되었다. 과학적 관리론에 따라 표준화된 작업절차를 따르는 표준화된 노동자가 필요했다. 학교는 학생들을 시스템이라는 톱니바퀴의 정형화된 톱니가 될 노동자로 만드는 교육을 했다. 나이에 따라 학생을 모아놓고 표준화된 시간표를 따라 수업을 받게 했다.

산업화로 인한 사회경제적 발달은 무분별한 자연 수탈과 눈앞의 이익만을 추구하는 인간 중심의 사고로 인해 전 지구적 문제이자 인류 존망의 문제인 기후위기를 가져왔다. 산업화로 인해 생겨난 학교도 많은 문제가 대두되었다. 지식 중심의 교육과 높은 교과 칸막이, 입시 위주의 교육, 창의력 없는 아이들 등 현대 학교의 문제점을 제기하며 학교의 변화를 요청하는 목소리가 날로 높아져 왔다. 4차 산업혁명으로 시작되는 새로운 미래를 현재의 교육은 감당할 수 없다며 인문학적 상상력과 과학 기술적 창조력을 갖춘 창의인재를 양성하라는 주문은 벌써 몇십 년째 이어져 왔다.

산업화로 생긴 기후위기에 대한 대응 교육인 생태전환교육이 제대로 이루어지기 위해서는 산업화로 생긴 현대 교육이 생태적으로 전환해야 한다. 교육의 생태적 전환의 핵심은 연계이다. 생태성이란 모든 일부는 전체와 유기적으로 연결되어 서로가 서로에게 긴밀한 영향력을 미친다는 것을 전제로 한다. 따라서 우리는 연계성을 확인하고 공존과 상생의 추구로 모든 교육 형태를 전환하고자 했다. 각각의 교과를 넘어 교과 연계 융합 수업으로 전환하고, 학교의 울타리를 넘어 마을과 함께하는 교육으로 전환을 시도했다. 개인주의를 넘어서 모두의 공존을 추구한다는 의미에서 우리는 친구, 동료와 함께하는 학교 문화로 만들고자 노력했고, 교내에 있는 식물, 마을의 동물에도 관심을 가지고자 했다.

생태전환교육을 통해 우리는 교육의 생태적 전환을 꿈꿨다. 그 과정에서 교사들은 정말 많이 힘들었다. 하지만 우리의 아이들은 정말 많이 신이 났다. 수업이 삶과 연결이 되었다. 융합 수업을 하면서 역사책 여기저기에 있던 역사적 사실이 시험을 위해 외워야만 하고 시험을 치고 나서는 잊어버리는 그런 언어들이 아니라 종이를 쳐다보면 생각나는 종이의 역사가 되었다. 분리수거와 제로웨이스트를 가슴에 심은 아이들은 쓰레기 마왕을 물리치는 용사단에 대한 희곡을 쓰고 연극을 무대에 올렸다. 생태와 관련된 노래를 부르는 복면가왕 가요제를 열고 플로깅을 하며 마을 명소들을 방문했다. 생태전환교육은 교육을 통해 생태적 전환을 이루고자 하는 교육이면서, 동시에 교육의 생태적 전환을 위한 교육이었다.

생태전환교육이 교육에게

생태전환교육이 미래 교육에 주는 시사점

생태전환교육을 통해서 우리는 교육의 생태적 전환을 꿈꾸었다. 그리고 교육의 생태적 전환이 미래에도 지속할 수 있는 교육의 형태라고 생각했다. 학교에 근무하는 교원으로서 우리는 미래 교육의 모습과 미래학교의 모습을 생각하지 않을 수 없다. 이미 2006년에 OECD는 학교의 미래 모습으로 학교가 없어지는 것을 포함해 6가지 시나리오를 내놓은 바 있다. 당연히 우리는 학교가 없어지기보다는 혁신을 통해서 변화된 학교가 미래에도 지속되기를 바란다.

미래학교는 어느 미래에 갑자기 나타나는 학교가 아니다. 지금부터 시작되어 미래에도 지속되는 학교가 진정한 미래학교라 할 수 있을 것이다. 그런 관점에서 미래학교란 현재의 교육 현안들을 해결하면서 4차 산업혁명 이후 급변하는 미래에도 지속가능하도록 재구조화를 진행하고 있는 학교라 볼 수 있다. 결국 미래학교는 현재와 미래를 연결하는 과정에 있는 학교이다. 우리 학교는 생태전환교육을 통해 미래학교가 되고자 했다.

첫째, 공존하는 교육으로 미래를 지향했다. 생태전환교육은 모든 생명체가 주체로서 존중받는 세계를 만들고자 한다. 이는 다문화 배경 학생, 배움이 느린 학생, 교육복지 대상 학생 등 교육 약자에 대한 배려 존중을 기본적으로 포함하며 이를 넘어서고자 한 것이다. 출발점이 다른 학생에 대한 배려와 공존, 학생 인권에 대한 배려를 넘어서 동물, 식물을 포함하는 자연의 권리까지 인정하고 공존하고자 하는 생태전환교육은 기존 배려하는 교육의 확장이다. 서로 다른 인간의 공존, 인간과 자연의 공존을 통해 미래에도 지구와 공존할 수 있는 교육을 추구했다.

둘째, 디지털 전환 교육으로 미래를 지향했다. 생태전환교육은 지구의 한정적 자원을 아껴 쓸 수 있는 삶의 형태로의 전환을 추구한다. 언뜻 생태적 전환이라고 할 때 자연으로 회귀하는 아날로그적 삶만 연상할 수 있다. 하지만 인류의 진보는 정, 반, 합의 과정을 거쳐 나아가는 것이지 과거로의 회귀이기는 어렵다. 탄소배출을 줄임과 동시에 탄소 포집이 필요한 것처럼 자연과 어울림과 함께 디지털 전환이 필요하다. 유인물로 종이를 낭비하는 대신 디지털 기기로 내용을 공유하고 함께 작업하는 과정이 수업 속으로 들어왔다. 이렇게 생태전환교육은 4차 산업혁명이 요구하는 교육의 디지털 전환과 합치하여 수업 방법과 학교 문화 혁신을 도모하게 되었다.

마지막, 삶을 바꾸는 교육으로 미래를 지향했다. 학습에서 그치지 않고 일상의 실천을 강조하는 생태전환교육은 삶을 바꾸는 교육이다. 미래 교육은 앎과 지식 그 자체의 의미를 넘어서 생활에의 적용, 일상과 직업에서의 필요성에 그 의미를 더 두게 된다. 앎과 삶의 연계성이 중요해진다는 뜻이다. 생태전환교육을 통해 우리 학생들은 앎을 삶으로 바꾸고자 했다. 학교에서 배운 지식을 기반으로 일상을 관찰하고 마을을 살펴보았다. 그리고 가치 있는 변화를 기획하고 실천했다. 그렇게 생태전환교육은 삶과 미래와 이어졌다.

나에게 생태전환교육이란?

학생들이 찾은 생태전환교육의 의미

2년 동안 진행된 생태전환교육 연구학교 활동으로 이제 우리 학교 학생들은 생태전환교육에 익숙해졌다. 연구학교를 마치며 아이들이 생각하는 생태전환교육은 무엇인지 궁금해졌다. 모든 교과 수업에서, 교과 간 융합 수업에서, 동아리 활동과 자치 활동, 행사 등의 창의적 체험활동에서 아이들은 다양한 생태전환교육을 경험했다. 2년의 생태전환교육 연구학교를 마치며 학생들에게 너희가 생각하는 생태전환교육이란 무엇이냐고 물었다.

학생들은 다양한 답변을 들려주었다. 모든 대답이 다 정답이었다. 학생들은 생각보다 생태전환교육을 깊게 이해하고 있었다. 그런데 학년별로 대답의 방향이 약간 달랐다. 1학년은 주로 미래와 연관된 대답을 들려주었고, 2학년과 3학년은 다양한 갈래로 답변이 나뉘었다. 학년이 올라갈수록 좀 더 자신의 관심 분야에서 생태전환교육을 바라보는 듯했다.

"생태전환교육은 학생들이 자기 미래를 스스로 만들어갈 수 있도록 하는 교육이다." 1학년 유○○ 학생의 답변이다. 멋진 대답이다. 미래와 학생

주체성을 모두 강조하는 말이다. 또 다른 1학년 이○○ 학생은 "생태전환교육은 미래를 향한 디딤돌이다. 왜냐하면 심각한 생태환경 문제를 다루면서 더욱 나은 미래를 만들기 위해 한 걸음 나아가는 디딤돌이 되어주기 때문이다"라고 했다. 1학년 학생들은 생태전환교육은 그 자체도 '지속가능한 것'으로 계속되어야 한다고 말한다. 미래에도 기후위기의 전 지구적 문제는 계속될 것이기 때문이다. 계속되는 문제에 대응하며 미래를 새롭게 개척하는 교육이 생태전환교육이라는 것이다.

2, 3학년 학생들은 생태전환교육이 미래를 준비하는 교육이면서 동시에 현재를 위한 교육이라고 답했다. 환경파괴로 인한 문제들은 더 이상 미래의 문제가 아니라 현재의 문제로 다가왔기 때문이라는 것이다. 그리고 생태전환교육은 우리가 기본적으로 알아야 할 기본교육이며 필수 과제라고 했다. 학생들은 생태전환교육의 현재 시점에서의 유의미성과 중요성을 강조하고 있었다. 지금 바뀌지 않으면 미래는 정상적인 생태계 유지가 불가능하리라는 것을 인식하고 이 점을 강조한 것이다.

3학년 박○○ 학생은 '생태전환교육은 우리 현세대 사람들의 다음 세대에 대한 배려'라고 했다. '배려'라는 표현에 주목할 필요가 있다. 학생들은 생태전환교육을 통해 눈에 보이고 옆에 있는 자연과 친구들뿐만 아니라 보이지 않는 세대에 대한 배려까지 생각했다. 이 학생이 시간의 관점에서 미래의 보이지 않는 세대를 생각했다면, 또 다른 친구는 공간의 관점에서 보이지 않는 또 다른 지역에 거주하는 사람들을 생각했다. 2학년 윤○○ 학생은 '생태전환교육은 지구 반대편에서 굶주리며 노동하고 있는 아이들까지 고려하는 세계시민이 되기 위한 첫걸음'이라고 했다. 이처럼 아이들은 생태전환교육을 통해 보이지 않는 존재까지로 배려의 폭을 넓혔다.

또 다른 멋진 정의는 '생태전환교육은 생각의 전환이다'라는 답이다. 이 말을 한 학생은 생태전환교육이 새로운 것을 기초부터 설명하며 제시하는 것이 아니라 기존부터 해오던 교육을 바탕으로 시대 상황에 맞게 진행하는 교육이기 때문에 그렇다고 했다. 중학교 2학년 학생이 이 정도로 깊은 통찰력을 보이리라고는 생각 못 했던 바이다. 또 다른 학생은 생태전환교육이 자아 성찰이라고 생각했다. 생태전환교육을 받으며 자신을 스스로 성찰하게 되었기 때문이란다. 학생들은 이렇게 생태전환교육을 통해 세상을 만나는 또 다른 시각을 배웠고, 자신을 성찰하며 생각을 전환하는 경험을 했다.

학생들은 생태전환교육이 생각을 바꾸는 것을 넘어 실천으로 이어져야 한다는 점에도 주목했다. 2학년 이○○ 학생은 생태전환교육이 실천이 어렵기 때문에 힘들다고 했다. 그들은 이 실천이 협력을 통해서 이루어져야 한다는 것도 알고 있었다. 3학년 홍○○ 학생은 생태전환교육이 협동심을 기르는 교육이라고 했다. 모두가 협력하여 기후 대응 활동을 벌여야만 지구를 지킬 수 있다는 점에 주목한 것이다. 이처럼 학생들은 다양한 생태전환교육 활동을 통해 생태전환교육의 본질을 꿰뚫고 있었다. 그리고 그들 스스로 생태전환교육을 정의할 수 있었다.

교사들이 찾은 생태전환교육의 의미

생태체험교실 마음풀 운영 기간 2년, 그리고 생태전환교육 연구학교 운영 2년을 합해 총 4년의 생태전환교육 활동을 했다. 그리고 이 활동으로 우리 교사들도 변화가 있었다. 사실 교사의 변화가 있었기에 윗글에서와 같은 학생의 변화가 생겼을 것이다. 그럼 우리 교사들은 생태전환교육이 무엇이라고 생각할까? 교사들은 생태전환교육에 어떤 의미를 부여할까?

우리 학교 선생님들은 생태전환교육의 실천적 측면에 의미 부여를 가장 많이 하였다. 박 선생님은 생태전환교육이 활동 체험을 계기로 실천하는 마음을 갖게 하는 교육이라고 대답했다. 그는 학생들이 더 오랫동안 기억할 수 있도록 체험활동으로 생태전환 교육내용을 전달하기 위해 노력했다. 이를 통하여 일상에서도 생태적 전환에 대해 생각해볼 수 있는 다양한 관점을 제공하고자 한 것이다. 표 선생님도 생태전환교육은 학생들의 생활습관을 만드는 효과적인 방법이라고 했다. 학교에서의 소소한 가르침이 생활이 되고, 일상의 작은 변화가 가족, 나라, 전 세계에 영향을 미칠 수 있도록 만드는 첫 발자국이 생태전환교육이라고 했다.

생태전환교육이 실천하는 교육이라는 점에 주목한 교사들은 자기 실천력을 점검했다. 이에 어떤 젊은 교사는 생태전환교육이 양심의 가책을 느끼게 하는 교육이라고 했다. 본인은 생태전환교육이 지향하는 삶을 살고 있지 못하면서도 학생들에게 친환경의 가치를 외치며 생태전환의 삶에 대해 실천을 독려하고 있는 점이 부끄럽다는 것이다. 이에 대한 대답은 다른 교사들이 주고 있다. 이 교육을 하면서 학생들 앞에서 교사 자신이 떳떳해질 수 있도록 생활 속에서 환경 사랑을 소소하게나마 실천하게 되었다는 것이다. 100% 실천하지 못하는 부끄러움에 주목하기보다 소소한 실천의 시작과 확대에 가치를 두어야 한다. 결국 생태전환교육의 시행은 교사에게도 자신을 돌아보며 다지는 시간이 되었고, 생태적 전환을 위해 개인적 실천을 확장하기 시작하는 기회가 되었다.

또한 교사에게 생태전환교육은 도전이었다. 무엇인가를 누군가에게 가르치기 위해서는 그 분야에 대해 누구보다 잘 알고 있어야 한다고 생각했던 국어과 교사 이 선생님은 생태전환에 대해 아는 것이 많지 않았다. 이 선생님에게는 생태전환에 대해 가르친다는 것 자체가 하나의 도전이었다. 그리고 생태전환교육을 통해 인류가 직면한 환경문제를 해결해야 할 필요성을 깨닫고 생태적 전환이라는 도전에 앞장서게 되었다.

이처럼 생태전환교육은 교사에게 새로운 도전이고 성장의 기회였다. 특히 융합 수업이 그랬다. 신규 영어과 교사 장 선생님의 '생태전환교육을 통한 나의 수업 성장기'는 서울시교육청이 주최하는 나눔·성장 수업문화공모전에 우수작으로 당선되었다. 연수와 교원학습공동체, 생태 독서 나눔을 통해 생태 융합 수업의 틀을 잡고 수석교사의 도움을 받으며 장 선생님은 기술 교사, 진로 교사와 함께 성공적으로 생태 융합 수업을 기획하고 운영하였다. 생태전환교육은 교사들에게도 협력을 경험하는 성장의 과정이었다.

교사가 지구를 지키는 방법 -생태전환교육

교사는 교육으로 세상을 바꾼다

"우리 아빠는 지구를 지켜요. 미세먼지를 엄청 줄이고 나쁜 연기를 없애서 공기를 맑게 해준대요. 소나무를 많이많이 심어서 지구를 시원하게 해주고요. 북극곰을 살려준대요." 슈퍼맨 망토를 두른 아이가 교실에서 아빠 자랑을 한다. 모 보일러 광고 장면이다. "아빠가 뭐 하시는데?" 선생님이 눈을 동그랗게 뜨고 묻는다. 아이는 자랑스럽게 말한다. "○○○(보일러) 만들어요!"

생태전환교육을 하는 우리 교사들도 이렇게 지구를 지키고 있다. 어떻게? 바로 교육으로다. 광고 속 아빠는 보일러를 만들어 지구를 지키고, 우리 교사는 생태전환교육으로 지구를 지킨다.

국어 교사는 생태환경 도서를 읽고 책의 핵심 내용을 카드 뉴스로 만드는 활동을 통해 지구를 지킨다. 영어 교사는 과거에 기후·생태·에너지 관련 잘못했던 일을 과거형으로 만들고 앞으로 행동해야 할 바를 미래형으로 만드는 영어 시제 연습 활동을 통해 지구를 지킨다. 수학 교사는 가전제품

에너지효율등급을 조사하여 에너지 사용량을 비교하는 수학 수업을 통해 지구를 지킨다. 그리고 과학 교사는 탄소 포집의 원리를 찾아가는 프로젝트 수업 활동을 통해 지구를 지킨다.

우리 교사들은 또한 연대를 통해 지구를 지킨다. 한문 교사는 죽간을 만들어 한자 쓰기 수업을 하며 죽간의 불편함을 통해 종이의 필요성을 체험하게 한다. 역사 교사는 종이의 역사와 종이를 통한 문명의 발전을 교육한다. 바통을 이어받은 미술 교사는 종이 만들기 활동을 통해 종이 만드는 어려움을 체험하고 종이의 소중함을 깨닫게 한다. 한문 교사, 역사 교사, 미술 교사의 연대로 아이들은 교과서 속의 지식을 실생활의 삶에 연계시키고 종이 재활용의 필요성을 체험한다.

가정교사가 지구를 지키는 채식 먹거리 필요성과 영양소의 균형에 관한 교육을 하면 결과물로 학생은 채식 급식을 제안하고, 영양사는 이를 학교 급식으로 제공한다. 마을 강사, 마을 대학생과 연대한 마을 생태 체험은 학교 밖 작은 지구, 마을이라는 삶의 터전으로 생태전환교육을 확장한다.

빌 게이츠는 「기후재앙을 피하는 법」에서 정치인이나 자선사업가가 아닐지라도 누구나 기후위기에 대응할 수 있다고 했다. 평범한 개인일지라도 시민, 소비자, 고용주 또는 직장인으로서 변화를 유도할 수 있다는 것이다. 평범한 개인인 교사도 누구나 교사로서 자신의 교과에서 지구를 살리는 변화를 만들어낼 수 있다. 단지 생태전환교육의 렌즈만 끼고 자신의 교과를 재해석하여 수업하기만 한다면 말이다.

교사는 학생의 역할 모델이다. 자신의 분야에서 지구를 살리는 교사를 본 학생들 역시 자기 적성과 흥미로 지구를 살릴 것이다. 누군가는 ESG 기업이라는 주제로 경제, 수학, 사회의 배움을 활용할 것이고, 누군가는 멸종위기종 보호라는 주제로 과학, 사회, 국어의 배움을 연계할 것이다. 또 다른 누군가는 환경정의라는 주제로 역사, 영어, 도덕의 배움에 몰입할 것이다. 학생 역시 생태적 전환의 렌즈를 통해서 각자의 지구 살리기 학습과 진로 개척이 가능하다.

결국 생태전환교육은 예쁘고, 건강하며, 정의로운 초록빛 컬러렌즈이다. 시력이 좋지 않아 뿌옇게 보였던 세상이 렌즈를 통해 선명하게 보이듯이 그동안 가려졌던 세상의 생태적 연결을 보여주는 초록 렌즈이다. 그리고 기후위기 시대에 모든 교사가 껴야 할 필수품이다. 무엇보다 중요한 점은 그 렌즈 끼기가 그리 어렵지 않다는 것이다. 어느 교사나 쉽게 할 수 있다. 단지 마음만 먹는다면 말이다.

그렇다면 어떻게 해야 모든 교사가 생태전환교육 렌즈를 끼려는 마음이 생길 수 있을까? 「플랜 드로다운」의 폴 호컨은 무관심의 세계 속에서 5~10%의 사람만 모여도 결정적인 영향력을 발휘할 수 있다고 했다. 한 학교에서 5~10%의 교사만 뭉쳐도 한 학교가 바뀔 수 있다.

우리 학교의 교사는 34명이다. 2~4명만 전심으로 생태전환교육에 몰두하면 학교의 모든 교사에게 영향을 미칠 수 있다. 5명만 모여도 학교가 확 바뀔 수 있다. 독수리 5형제가 지구를 지킨다는 농담은 우스갯소리가 아니다. 생태전환교육에 열정을 가진 교사 5명이 학교를 바꾸고 학생을 바꾸고 지구를 바꾼다. 각 학교에 5명, 아니 3명의 교사만이라도 열정을 쏟는다면 변화는 가능하다. 학교마다 있을 지구를 지키는 독수리 교사 3명을 응원한다.

참고문헌

데이비드 월러스 웰즈(2020). 2050 거주불능지구. 청림출판.

문도운 외(2016). 알기 쉬운 지속가능발전목표 SDGs. 국제개발협력시민사회포럼.

박상현(2020). 코로나19 이후, 마을교육공동체의 발전 방안 모색: 생태주의적 관점을 중심으로. 서교연 2020-70. 서울특별시교육청교육연구정보원.

박태윤 외(2001). 환경교육학개론. 교육과학사.

배영직 외(2021). 생태전환교육 목표 체계 구축 및 성과관리 방안 연구. 서교연 2021-33. 서울특별시교육청교육연구정보원.

빌 게이츠(2021). 기후 재앙을 피하는 법. 김영사

서울시교육청(2020). 생태전환교육 중장기 발전계획.

서울시교육청(2023). 2023 생태전환교육 기본계획.

설규주(2021). 코로나 시대의 민주시민교육과 세계시민교육이 갖는 함의. 열린교육연구, 29(4), 25-44.

쉐런 메리엄 외(2016). 성인 학습 이론과 실천. 아카데미프레스.

스티븐 리츠(2017). 식물의 힘-녹색교실이 이룬 기적. 여문책.

심지영(2016). 중등학교장의 임파워링 리더십, 학교의 조직혁신풍토, 그리고 교사의 조직몰입, 무형식학습, 혁신행동 간의 구조적 관계. 박사학위논문.

이선경(2021). 생태문명으로의 전환을 위한 교육, 학교 전체적 접근으로. 서울교육, 243, 8-13.

전일중학교(2021). 지속가능한 미래를 가꾸는 C.A.R.E. 전일생태전환교육 운영결과보고서.

전일중학교(2022). 지속가능한 미래를 가꾸는 C.A.R.E. 전일생태전환교육 최종 운영보고서.

정건화(2021). 기후위기와 팬데믹 시대의 생태전환교육, The-K Magazine, 49, 26-29

조천호(2020). 파란 하늘 빨간 지구. 도서출판 동아시아.

최수진 외(2019). OECD 교육 2030 참여연구. 연구보고 RR2019-06. 한국교육개발원

최원형(2022). 환경과 생태 쯤 아는 10대. 도서출판 풀빛.

토드 로즈(2018). 평균의 종말. 21세기북스

폴 호컨(2019). 플랜 드로다운. 글항아리

한유경 외(2019). 2018년도 청소년 문제해결 디자인사업 효과성평가를 위한 사후조사. 서울특별시

삶의 행복을 꿈꾸는 교육은
어디에서 오는가?

● **교육혁명을 앞당기는 배움책 이야기** 혁신교육의 철학과 잉걸진 미래를 만나다!

● **비고츠키 선집 시리즈** 발달과 협력의 교육학 어떻게 읽을 것인가?

코로나 시대, 마을교육공동체운동과 생태적 교육학	심성보 지음 I 280쪽 I 값 17,000원
혐오, 교실에 들어오다	이혜정 외 지음 I 232쪽 I 값 15.000원
수업, 슬로리딩과 함께	박경숙 외 지음 I 268쪽 I 값 15,000원
물질과의 새로운 만남	베로니카 파치니-케처바우 외 지음 I 이연선 외 옮김 I 240쪽 I 값 15,000원
그림책으로 만나는 인권교육	강진미 외 지음 I 272쪽 I 값 18,000원
수업 고수들 수업·교육과정·평가를 말하다	박현숙 외 지음 I 368쪽 I 값 17,000원
아이들의 배움은 어떻게 깊어지는가	이시이 준지 지음 I 방지현·이창희 옮김 I 200쪽 값 11,000원
미래, 공생교육	김환희 지음 I 244쪽 I 값 15,000원
들뢰즈와 가타리를 통해 유아교육 읽기	리세롯 마리엣 올슨 지음 I 이연선 외 옮김 I 328쪽 I 값 17,000원
혁신고등학교, 무엇이 다른가?	김현자 외 지음 I 344쪽 I 값 18,000원
시민이 만드는 교육 대전환	심성보·김태정 지음 I 248쪽 I 값 15,000원
평화교육 과거, 현재 그리고 미래를 그리다	모니샤 바자즈 외 지음 I 권순정 외 옮김 I 268쪽 I 값 18,000원
마을교육공동체란 무엇인가?	서용선 외 지음 I 360쪽 I 값 17,000원
강화도의 기억을 걷다	최보길 지음 I 276쪽 I 값 14,000원
체육 교사, 수업을 말하다	전용진 지음 I 304쪽 I 값 15,000원
평화의 교육과정 섬김의 리더십	이준원·이형빈 지음 I 292쪽 I 값 16,000원
마을로 걸어간 교사들, 마을교육과정을 그리다	백윤애 외 지음 I 336쪽 I 값 16,000원
혁신교육지구와 마을교육공동체는 어떻게 만들어지는가?	김태정 지음 I 376쪽 I 값 18,000원
서울대 10개 만들기	김종영 지음 I 348쪽 I 값 18,000원
선생님, 통일이 뭐예요?	정경호 지음 I 252쪽 I 값 13,000원
함께 배움 학생 주도 배움 중심 수업 이렇게 한다	니시카와 준 지음 I 백경석 옮김 I 280쪽 I 값 15,000원
다정한 교실에서 20,000시간	강정희 지음 I 296쪽 I 값 16,000원
즐거운 세계사 수업	김은석 지음 I 328쪽 I 값 13,000원
학교를 개선하는 교장 지속가능한 학교 혁신을 위한 실천 전략	마이클 풀란 지음 I 서동연·정효준 옮김 I 216쪽 I 값 13,000원
선생님, 민주시민교육이 뭐예요?	염경미 지음 I 244쪽 I 값 15,000원
교육혁신의 시대 배움의 공간을 상상하다	함영기 외 지음 I 264쪽 I 값 17,000원
도덕 수업, 책으로 묻고 윤리로 답하다	울산도덕교사모임 지음 I 320쪽 I 값 15,000원
교육과 민주주의	필라르 오카디즈 외 지음 I 유성상 옮김 I 420쪽 I 값 25,000원